U0487567

本书出版受
2020 年辽宁省教育厅科学研究经费项目
"辽宁省农旅文融合视角下的农产品品牌创建研究"（WF202011）资助

陈艳 / 著

BRAND
BUILDING
OF
AGRICULTURE,
CULTURE
AND TOURISM

A PERSPECTIVE ON
THE VISUAL IMAGE

农文旅品牌创建

基于视觉形象视角

社会科学文献出版社
SOCIAL SCIENCES ACADEMIC PRESS (CHINA)

前言
PREFACE

目前我国农业正处于由传统生产经营方式向现代化生产经营方式转型的关键时期，农业通过与文化产业、旅游业融合，进而塑造农产品、农业企业和旅游品牌，提升农产品的衍生价值和附加价值，这是现代农业发展层次提升的重要标志。其中，旅游业在贫困地区和少数民族地区脱贫攻坚中发挥了重要作用，各地村镇积极响应政策，推进农文旅产业融合发展，探索村企合作新模式，走上农文旅融合致富路。然而，乡村旅游市场的升温导致旅游景区、景观、导视等设计各自无序发展，暴露出许多矛盾和问题。乡村旅游市场的出现实际上是对农文旅产业融合发展提出的新要求。

农产品作为乡村旅游产品体系的基础，结合现代化农业生产，通过文化产业与旅游业进行传播。农文旅融合发展弱化了以往农产品在气候、运输、包装等方面的限制，不仅能够使农产品市场销售范围扩大、整体价格下降、竞争力提升，而且能够将农产品生产、采摘过程中的文化因素、体验因素等附加到农产品价值之上，提升农产品品质和市场价值。

本书旨在对农文旅融合模式及推动我国农文旅融合发展的重要因素进行梳理与界定，探索基于视觉形象视角的农文旅品牌创建优势以及相关的农产品、农业企业和旅游品牌的设计、管理与营销架构，分析品牌创建中视觉形象设计以及与市场营销相关的艺术设计方案，剖析农文旅品牌创建及推广的实践案例，以期为我国全面推进乡村振兴战略献计献策。

民族要复兴，乡村必振兴。视觉形象视角下的农文旅品牌创建战略不仅可以塑造农业品牌,提高其附加价值,而且能够提升农产品的竞争力,在乡村振兴中发挥重要作用。从理论上而言,本书对农业现代化、农文旅融合、品牌创建等进行交叉研究,为农业产业化运营提供了新的思路。从现实角度看,本书对提升农产品价值和知名度、塑造鲜明的农业和旅游目的地形象以及推动农文旅融合发展和新农村建设都有积极的借鉴与指导意义。

目录 CONTENTS

第一章 绪 论 ··· 1
 第一节 基于视觉形象视角创建农文旅品牌的背景和意义 ··· 1
 第二节 农文旅品牌与视觉形象的基本概念和研究视角 ······ 11
 第三节 农文旅产业与视觉形象设计融合的新思路 ············ 18

第二章 国外农文旅品牌创建研究综述 ························· 21
 第一节 关于品牌创建中农文旅相互关系的研究 ··············· 21
 第二节 关于农文旅品牌创建与视觉形象设计相互关系的
    研究 ··· 26
 第三节 关于视觉形象设计在农文旅品牌创建中重要作用的
    研究 ··· 48

第三章 我国农文旅品牌发展现状及存在的问题 ············ 55
 第一节 我国农文旅品牌发展现状 ································· 55
 第二节 我国农文旅品牌在视觉形象方面的问题分析 ········ 79

第四章 视觉形象视角下的农文旅品牌创建 ················· 105
 第一节 农文旅品牌视觉形象体系创建 ························ 106

第二节　与农文旅品牌视觉形象创建相关的设计体系
　　　　　和门类 ··· 113
第三节　视觉形象设计的专业化与农文旅品牌价值提升 ··· 130
第四节　基于视觉形象视角的农文旅品牌营销宣传 ·········· 137

第五章　农文旅品牌创建中视觉形象系统的设计及推广
　　　　案例 ··· 147
　案例1　辽河口红海滩旅游区视觉形象系统的设计
　　　　　及推广 ··· 147
　案例2　"稻梦空间"视觉形象系统的设计及推广 ············ 194

参考文献 ··· 206

第一章
绪 论

第一节 基于视觉形象视角创建农文旅品牌的背景和意义

一 研究背景

(一) 农产品品牌竞争中视觉形象的重要意义

视觉形象设计是品牌建设发展到一定阶段的专业需求,视觉形象识别是品牌识别最主要的方式。据农业部统计,截至 2011 年 12 月,我国农业从初级产品企业到深加工产品企业的中国驰名商标(第 29~33 类) 共 569 个,这一年中国成为全世界第一大农产品生产国。从驰名商标分布省份来看,山东、辽宁、福建、湖南等居前几位,中东部省份在数量上明显多于西部省份;从驰名商标所涉及的产品类别来看,更多地集中于区域特色农产品;从品牌拥有的主体来看,一个企业拥有多个驰名商标的现象占总量的不到 10%。[1] 在农产品传统经营模式下,农产品分类相对单一,单一种类的农产品大多同质,缺乏自身特色,消费者购买农产品时往往基于产地、外观或推销员的介绍,品牌塑造在农产品经营体系中一直非常薄弱。农产品品牌塑造并非被忽视,而是缺乏科学引导。然而文化元素的

---

[1] 农业部:《中国农业农村信息化发展报告 2010》,2011 年 11 月。

融入不仅能够为农产品品牌塑造提供切入点,而且能够提供塑造品牌形象和提升品牌价值的独特内容。农文旅融合发展,一是能够迅速开拓市场,将产品从传统的"由生产推向市场"转变为"将市场带到产地",从而弱化以往在气候、运输、包装等方面的限制,扩大市场范围;二是能够降低产品整体价格,提升产品的竞争力;三是将产品生产、采摘过程中的文化因素、体验因素等附加到产品价值之上,提升产品的独特性,从而进一步提升产品价值。

从企业或者产品的角度而言,品牌的具体内容包含这个产品的商标、包装、设计等信息;其虚拟的内容包含这个产品在消费者心中的印象,即质量、价格、观感、消费体验等多种信息的综合印象。品牌决定了消费者是否愿意对该产品进行消费,品牌建设决定了消费者是否会对该产品进行持续的消费。因此,品牌建设对企业经营具有极为重要的作用与意义。

品牌建设是一个长期过程,体现了消费者和品牌之间逐渐了解和相互认可的过程。品牌在建立之初,消费者可能会对其有一个既定的观感。企业针对该品牌的市场定位,识别其目标消费者群体,并围绕特定的消费者群体进行品牌建设,强化既定消费者对该品牌的认知与兴趣,促进消费者的消费行为。在消费行为发生之后,消费者会在消费体验中进一步了解或者认可品牌,从而建立对品牌的忠诚度。因此,品牌建设对持续吸引消费者具有重要的作用,这也是品牌和品牌建设对企业至关重要的原因(余江,2019)。

(二)品牌建设中对视觉形象设计的需求

基于视觉直观性的特点,视觉形象设计可以通过媒体传播对受众产生巨大的影响。虽然视觉形象设计并非品牌成败的决定性因素,但其在品牌塑造过程中是不容忽视、必不可少的环节,甚至可以说是品牌塑造的基础。从企业一方来说,要想将企业的文化、理念等内在形象进行宣传并传播给大众,就必须以可视的形式将这些内在的因素外化出来,这种外化的方式就是为企业或其产品的品牌设计视觉形象，而视觉形象设计的优劣也会反过来影响企业形象的传播效果。一般来讲，优秀的品牌视觉形象设计可以从以下几个方面对企业品牌产生有益的影响。首先，帮助企业品牌在市场竞争中树立起属于自身的鲜明形象，确保其在经济活动中的独立性和不可替代性；其次，传达企业品牌的理念和文化，以形象的视觉形式宣传企业品牌；再次，以特定的视觉形象及相应的符号系统吸引公众的注意力并使其产生记忆，促使消费者对企业所提供的产品或服务形成品牌忠诚度；最后，从企业自身发展角度讲，可以提高企业员工对企业的认同感、自豪感，提升企业士气。因此，对品牌视觉形象设计进行深入和系统的研究具有一定的现实意义。

品牌视觉形象设计，是以品牌商标为主体的，包括品牌广告、品牌包装甚至品牌吉祥物等在内的，以产品或企业的宣传为目的的视觉传达系统设计。乡村旅游品牌的视觉形象系统应当包括更加多元的设计内容。为了体现特色乡村旅游品牌视觉形象的整体性和完整性，从感官的角度提升特色乡村旅游品牌的辨识度并使其区别于其他品牌，特色小镇品牌的形象设计应当更加丰富，应用范围应当更加广泛，形成一套整体的品牌视觉形象系统，包含Logo设计、广告设计、海报设计、吉祥物设计、装潢设计等方面。由于中国的地域文化本身就有着极高的辨识度，因此在特色小镇品牌的设计中，应该从灵感来源和元素再设计等方面对当地的文化符号进行吸纳、提取和融合，进而将原本抽象化的地域文化转变为具象化的特色乡村旅游品牌视觉形象设计，形成具有高辨识度和高端设计语言的综合体。

品牌依托于企业，服务于大众。在视觉文化的语境中，品牌视觉形象设计所体现的不再仅仅是传达的功能性，它还是民族文化、价值观念、审美情趣和思维方式的一种综合反映，是丰富社会文化生活的重要方式，是一种无法拒绝的文化现象，具有一定的人文价值。与此同时，品牌视觉形象设计并不是现当代商业与艺术设计活动的特有产物，在中国历史上体现原始品牌意识的商业设计活动诞生已久，而工业文明以后相对成熟的品牌视觉形象设计活动则是在民国时期就已达至繁盛，这些不仅是我国商业史上的奇景，而且是我国艺术设计史上的一笔独特财富。因此，有必要在设计艺术学领域内，以历史发展的眼光和角度对品牌视觉形象设计进行研究与解读。

长期以来，一些中国"企业家"凭借"摸着石头过河"的胆识和"不管黑猫还是白猫，抓到老鼠就是好猫"的市场策略也能占据一片属于自己的市场空间。然而，消费者愈加成熟的消费心态和消费行为、细分市场空间的愈加狭小、竞争品牌营销投入的加大、新媒体的广泛运用，都使得品牌资产的积累变得越来越难。品牌运营商在进行品牌延伸的过程中发现，延伸产品的失败率变得越来越高，而"源品牌"的忠诚度也在不断下降。大多数中小农产品品牌所有者在中国这个特殊的市场中形成了一种先天的"经营惯性"，即在品牌运营与囤积土地中，更多地选择以囤积土地方式获得升值利润，而忽视对品牌本身的塑造和培养。这是一种短期利益思想和对自身产品与品牌不自信的两难选择。

但对于某些处于成长期和成熟期的潜力品牌来说，经营者更多地关注如何让品牌更具竞争力，并积极寻求提升品牌组合与品牌结构管理效益的手段和措施。通过优化品牌结构使品牌资产增值，已逐渐成为提升品牌质量和品牌活跃度的重要方式之一。视觉形象设计在品牌建设中具有内容规划、市场定位、形象塑造等功能，能够针对品牌建设提供更直接的宣传方案，帮助企业塑造优秀的形象，吸引更多消费者。企业在进行品牌建设时，通常存在一定的盲目性，没有将企业特色融入其中，自主创造能力有限。而将视觉形象设计融入品牌建设中能对品牌建设进行有效的分析和引导，改善品牌建设中存在的问题，提升品牌质量和效果，引导品牌正向发展。视觉形象设计可保证品牌建设中产品的个性特征与品牌建设需求相吻合，进而实现品牌设计的更大价值（岳思娟，2020）。

"微热山丘"被誉为"台湾之光"，作为台湾凤梨酥扛鼎之作的商业品牌，从品牌养成到"伴手礼专属"经历了品牌"艺术创作"之路（见图1-1）。首先，该品牌将自身打造成"有态度的凤梨酥"，即极致的力量。该品牌从所有细节中寻找极致，让消费者体验到这种极致感，从而使得品牌的消费评价上升到一个新的高度。"微热山丘"奉茶使用的杯子为日本精选的手拉坯，同时选用上好的配饰，让消费者在喝茶的时候就能真切地体验到品牌的极致感。再如该品牌在民生公园的门店装修，在材料的选用上也做到了细节考究和极致体验，选用的石材和木材全部是原石和原木，不上色、不烤漆，一切保持材料的原本面貌，但在风格上又与"微热山丘"保持一致，这种"原色、原味、原貌"的本原张力，营造出一种独特的品牌体验，为打造一个差异化的涉农品牌，品牌运营者的用心体现得一览无余。

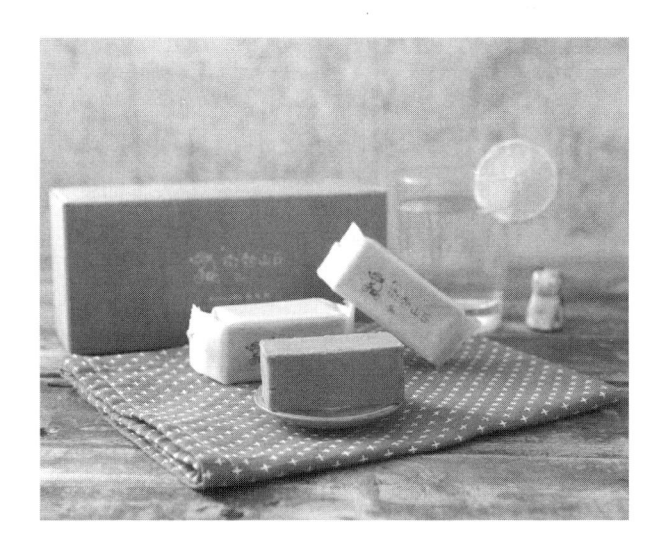

图 1-1 "微热山丘"凤梨酥

资料来源：https：//www.chunbo.com/Act/1967? deviceid＝EA5935F5－6F0A－484C－B21A－566DAE0C1C61&useragent＝mobile&source_id＝1&source＝3&member_id＝141865&sign＝38296203CD12D9A655188B902FA53876&version＝1.7.1。

其次,"微热山丘"找到了中国人共有的食品品牌的痛点——食品安全,并将产品的生产流程与家的概念很好地融合在一起。试想,有哪个消费者不喜欢家的味道,不相信家的安全呢?"微热山丘"从配方、原料、产地、工艺、口味等几个方面保证其安全性。第一,口味安全。着重突出凤梨纤维感的真实口味效果,与传统凤梨酥有了"本真"上的差异。第二,配方安全。用数字诠释配方安全性,该配方由拥有 50 年糕饼制作手艺的老师傅调制 8 个月、每天烤 100 颗、试吃 2.4 万余颗凤梨酥最终调制而成。第三,产地安全。"微热山丘"与农民进行契约耕作,坚持自然收获土凤梨,历经发酵等传统工艺制作凤梨酱来调制内馅。第四,原料安全。选用夏季 6~8 月生产的凤梨,甜度提升,酸度降低。日版凤梨酥选用法国 AOC 奶油,面粉选用的是日本优质面粉,鸡蛋可追溯来源、不含抗生素,蔗糖选用的是台湾产的天然蔗糖。以此来彰显食品安全的属性,强化了凤梨酥的品牌独特性(戴程,2019)。

再次,极致的品牌体验营销。"微热山丘"亦将体验营销做到了极致,做到一店一景。一是选址的中心性突出,如新加坡莱佛士酒店、香港中环半山、上海外滩源的选址策略在于店面影响力要符合品牌调性。二是店面设计强调品牌调性,尽量做到千店千面。例如,台湾南投县的红砖墙三合院,古香古色;高雄码头的驳二仓库店面,突出渡口码头特色,以倒扣的船舱为主体造型。再如,日本东京的表参道南青山店,结合日本特色设计出凤梨的门店外观风格。这种品牌的超级体验,让品牌本身具备了足够强的话题性,从选址、设计到店面软装,无不彰显轻奢的凤梨品牌,使品牌在具备个性化的同时,拥有了良好的品牌声誉。

最后,品牌公关的极致"本真"。在早期交通不便时,质朴善良的台湾人常常免费为旅客提供茶和小食,让旅客休息之后再上路,本地人将这种行为称为"奉茶"。至今台湾乡间仍沿袭传统,常见"奉茶"二字,旁边附有茶桶和杯子,路人可自由取用解渴。"微热山丘"延续这种传统文化,结合产品和品牌特性,用新的"奉茶"

方式提升品牌的人情味。服务人员通常会热情招待每一位到店的客人落座，奉上凤梨酥和乌龙茶。"微热山丘"每年免费送出的凤梨酥可达200万颗，源自"本真"与传统习俗的公关文化，让"微热山丘"拥有了不少忠实拥趸者。

消费者在第一次接触农文旅品牌时，往往关注的是品牌视觉形象设计所表达的特点，如品牌的包装、标识、色彩以及场景的主题等。因此，设计师需要通过视觉形象设计将产品的特性、品质等信息传达给消费者，建立品牌与消费者之间的联系。

二 学术意义

（一）基于视觉形象视角的研究丰富了农文旅品牌研究理论体系

将视觉形象融入农文旅品牌结构是使产品由初级、低价值向高级、高价值、强竞争力过渡的主要途径。随着品牌资产理论在我国农产品品牌建设中的深入应用，提高农产品品牌竞争力的理论研究逐渐得到关注和重视。但是，以往的理论研究大多集中于非农产品领域的品牌资产、品牌组合、品牌延伸等方面，也有不少研究关注我国农产品的品牌文化、品牌忠诚、品牌管理等，很少有将视觉形象理论与我国农产品品牌建设实践联系起来进行二元研究，且相关理论研究更多的是对品牌运营、品牌延伸、品牌忠诚、品牌联想等品牌资产理论模型本身的探讨，或者是对中国农产品区域品牌竞争模型、农产品品牌资产影响因素等的探讨。独立研究较多，两者互动研究则鲜见。本书将进行视觉形象视角下农产品品牌结构的影响因子分析、属性界定、维度分析、因果关系测定，试图寻找适合中国农产品品牌运营中视觉形象设计层面的结构范式，这对丰富农产品品牌资产理论体系具有一定的理论创新意义。

（二）基于视觉形象视角的研究扩展了视觉形象设计理论和品牌组合理论研究范畴

从国际学术文献关键词出现的频率来看，视觉形象设计主要研究的问题有形象设计、品牌视觉形象设计、视觉形象、品牌形象设计、品牌视觉形象、品牌形象、消费者、地域文化、城市视觉形象、视觉设计、品牌设计等，这些都是研究者比较关注的领域，特别是形象设计和品牌视觉形象设计尤其受到研究者重视。此外，将视觉形象设计融入品牌结构的设置、各品牌之间的关系以及各子品牌的品牌组合策略等问题也较受研究者关注。品牌组合研究的是主副品牌在"量"上的关系，而品牌结构除了研究主副品牌之间的关系之外，还研究品牌组合效率，属于"质"的研究，在研究视角上也将关注焦点放在了品牌运营管理的战略层面，而不像品牌组合那样紧盯微观层面的各个品牌。本书将视觉形象设计与农文旅品牌结构理论结合起来，通过探讨农文旅品牌领域的视觉创新与实践进行验证，对扩展品牌学理论和品牌组合理论的研究范畴具有一定的学术价值。

（三）基于视觉形象视角的研究提高了农文旅品牌创建理论的适应性

无论是对农产品品牌的研究，还是对品牌资产、品牌组合的研究，大多是基于西方自由市场和资本主义文化环境进行的。尽管也有不少对品牌资产、品牌组合的研究选用的案例是中国本土公司，但从农文旅市场来看，中国在市场成熟度、自然条件、法律法规、消费行为等方面与西方成熟市场有着较大差别。因此，需要将理论研究成果放在中国农产品产业环境、市场竞争环境下进行实证检验，测量该理论成果在中国的"适应"情况，同时结合我国农产品品牌发展和市场阶段的消费特点、品牌运营特点，构建具有中国本土特色的农文旅产品品牌结构理论体系，从而提升农文旅产品品牌结构理论的科学性。

从生产、销售、物流、品牌管理者素质、品牌成熟度等诸多方面来看，品牌理论在西方农产品品牌领域的应用渐趋成熟。然而，对于以小规模生产作业管理、基于自然资源禀赋的产业模式、品牌运营商市场操作手段缺失、品牌发展阶段不成熟等为特征的中国农产品品牌市场来说，直接应用品牌理论指导本土农产品品牌发展显然会"力不从心"。本书从本土农产品品牌特点出发，研究适用于本土农文旅产品的品牌结构评估方式。因此，视觉形象设计的应用提高了农文旅品牌创建理论的适应性。

三 实践意义

目前，我国农产品运营商具有较强的品牌意识，注重采用品牌联合策略、独家品牌策略、单一品牌策略与多品牌策略进行市场竞争。然而，究竟选用哪种策略作为企业长期发展战略，众多农产品品牌运营者还缺乏指导型理论。尤其是国际一线农产品品牌，有的采用单一品牌策略，有的采用多品牌策略，而两种策略都不乏成功的案例。本土农产品品牌运营商通常习惯性地认为，无论选用哪种策略都能让企业得到发展。这将对本土农产品品牌构建核心竞争力产生长远的负面影响。因此，构建我国本土农产品品牌结构评估模型，并合理运用视觉形象设计理念，对我国农产品品牌发展具有深远的实践意义。

首先，能够帮助我国农产品品牌寻求效率较高的差异化竞争方式。对于单一品牌结构的农产品企业来说，唯一的选择就是走专业化道路。企业旗下的所有产品范围都不能超越现有品牌结构下的定义域，否则品牌识别就会变得模糊不清。在多品牌结构的组织中，最重要的考虑就是如何将品牌、名字、符号、千差万别的产品系列、公司财务、人力资源等有效地组织起来实现企业的经济目标。如果一个企业已经建立起很好的品牌结构，另一个可能影响品牌结构的问题就会产生,即怎样在每一个品牌下定义产品范围、形成差异化,而不至于造成自我品牌竞争和总体品牌形象模糊。例如,一个企业同时生产两个品牌的铁观音茶叶,必须让两者定位于不同的细分市场,否则会造成公司品牌形象不清晰。因此,品牌运营者必须让每个品牌组合满足两种情况。第一,产品和已建立的品牌之间必须有联系,原因是消费者会在品牌名字和符号下储存积极的经验。第二,个别产品之间要有足够的差异性。这是为了让消费者对品牌覆盖的范围有清晰的认知。如果这两个条件都满足了,品牌在全部产品范围内便会获得最大的竞争优势。然而,多品牌策略所涵盖的市场范围通常已经有足够多和足够强的竞争对手,因此有较大差异性的定位难以实现。

其次,能够帮助农产品品牌避免产品品牌过多造成的品牌形象稀释、模糊,或由此产生的品牌延伸优势下降。目前我国农产品品牌采用较多的是多品牌结构模式,且大部分属于无序多品牌发展模式。在没有经过科学论证的情况下直接发展子品牌,造成的直接后果有两个:一是在公司品牌形象还很薄弱的情况下发展子品牌,会造成资源互耗,使品牌跌入不良资产的深坑;二是产品品牌认知度高于公司品牌形象,子品牌在不增加投入的情况下,直接分享了公司品牌资源,以弱化公司品牌形象为代价建立更高认知度的产品品牌形象。例如,厦门如意集团有限公司生产的毛豆属于全国知名农业品牌,在毛豆产品和如意品牌之间建立了强有力的品牌认知。然而,对于如意旗下漳州青梅王食品有限公司属于如意集团这一关系,消费者几乎一无所知。这造成的直接损失是"如意"品牌无法利用公司品牌这一强有力的品牌资产减少导入"青梅王"品牌时的营销和广告投入,品牌结构的组合策略得不到最大限度的利用。通过建立适合我国本土农产品品牌发展的品牌架构,可以有效避免主副品牌发展不均衡或资产持续下降的风险,打造强有力的品牌形象,提高品牌延伸的效率和水平。

最后,能够帮助本土农产品品牌提高国际竞争能力。跨国公司已不再单独关注品牌的内部管理,这是因为和品牌相关的大部分问题与一个公司复杂品牌系统的管理有关,这些公司不乏 Green Giant(绿巨人)、达能等国际知名农产品品牌。我国大部分农业企业长期被认为没有足够的竞争力,无法吸引优秀的品牌管理和运营人才,而现有的管理和运营人员大多没有经过专业的理论培训或不具备跨国农业企业经营管理的相关经验,在管理运营企业时,企业行为短期化特点显著。对消费市场调研不足导致的不以市场为导向确定品牌结构,其结果往往是品牌不断推出而又不断退出。例如,农产品消费者既包括终端消费人群,也包括农户或种子站等,每个层次的消费人群所关注的品牌重心不同,这势必造成品牌结构设计的多样性。本书的研究结果试图帮助我国本土农产品品牌建立科学有效的品牌结构,从整体上摆脱我国农产品品牌在国际市场上"集体失语"的状况。

第二节 农文旅品牌与视觉形象的基本概念和研究视角

一 视觉形象视角概念界定

视觉形象(VI)是企业识别系统(CIS)中三个构成要素之一,是以标志、标准字、标准色为核心展开的完整的、系统的视觉表达体系。将上述企业理念、企业文化、服务内容等抽象概念转换为具体符号,以塑造独特的形象。在企业识别系统中,视觉形象设计最具传播力和感染力,最容易被公众所接受,具有重要意义。

视觉形象视角是以视觉形象设计为基础,考虑市场环境因素,运用视觉手段创造出标准化、差别化的视觉形象感知,包含企业视角、消费者视角、专业设计视角等。

二 视觉形象设计概念界定

品牌的视觉形象设计并非局限于品牌标志，即商标的设计范畴内。它是一个包括品牌标志、广告、包装、装潢设计等在内的完整的设计体系，是通过视觉传达手段予以表现、以品牌形象推广为目的的整合设计过程。若在概念上将其内部各组成因素割裂开来，则难以窥其全貌。因此，本书在研究过程中将从品牌视觉形象设计各主要组成要素入手进行较为详细和全面的探讨。

视觉形象设计是品牌建设的基本形式之一。一些人对视觉形象设计的认知比较狭隘，认为视觉形象设计就是平面设计、图形设计。事实上，视觉形象设计具有多种形式。从概念上看，只要是为了传播特定事物而进行的主动可视形式设计，都是视觉形象设计。随着科技的进步与社会需求的扩大，视觉形象设计的运用越来越广泛，从影视作品生产到产品包装设计、服装设计等，都是其运用的舞台。时下的视觉形象设计具有现代性、商业性、多元性、交流性等基本特征。视觉形象设计在现代社会中遍布各个领域。视觉形象设计也是当代企业在商业竞争中的主要形式之一，主要是为商品而服务，因而具有极强的商业性。此外，视觉形象设计从起源至今，随着技术的进步已经形成一门学科，融合了多个领域的专业知识，在多个领域得到广泛的运用，因此是一项非常多元化的技术。视觉形象设计的主要目的是交流。在当今社会，视觉形象设计要建立品牌和消费者之间的交流与沟通机制，向消费者传达品牌信息。

企业品牌建设通常需要专业的技术设计予以支持，不仅要将品牌信息呈现出来，而且要突出设计的美感和艺术性。视觉形象设计包括文字、图片、影像设计等形式，这些设计手段与品牌的有效融合，可以凸显品牌的艺术特色，有助于企业品牌的长期生存。因此，视觉形象设计的技术能力符合企业品牌设计的更高要求，有助于推动企业塑造良好的品牌形象。

三　农文旅品牌概念界定

在农产品品牌建设过程中，品牌宣传是塑造品牌、提升知名度中非常重要的环节。农业与旅游业融合，拓展了农产品品牌的宣传途径，更有利于农产品品牌的形成。将农产品宣传植入旅游景区宣传，丰富了农产品宣传模式。传统的农产品宣传局限于第一产业框架，宣传内容和宣传方式相对单一、落后。在农业与旅游业融合发展过程中，农产品成为旅游景区发展产品体系的重要内容，将农产品宣传纳入旅游景区整体宣传中，会使宣传内容更加丰富、宣传方式更加多样，构建的农产品形象也更加鲜明独特。例如，在旅游景区宣传中，农产品宣传通常更加贴近旅游者需求，能够突出农产品的文化独特性、地域独特性以及休闲体验的价值；通常采用故事场景构建的方式让旅游者产生情感共鸣，激发市场需求。这体现了农产品品牌创建和宣传模式的改革与创新。旅游的融入，将市场带到产地，又经由口碑宣传从产地到市场，实现了市场和产地的双向宣传。传统的农产品宣传更多地注重信息从产地到市场的传递，而在旅游融入的背景下，农产品作为旅游产品体系的一部分，首先，产品信息通过各种宣传到达市场，这是第一层的正向传递；其次，旅游者接收到信息后，来到产地体验，在体验中丰富农产品信息，这是第二层的逆向宣传；最后，旅游者回去后会经由口碑或分发纪念品对农产品进行再次宣传，这是第三层的正向宣传。因此，旅游融入后，农产品品牌创建途径大大拓展，提升了农产品品牌创建效率。

农文旅融合下农产品品牌体系呈现多样性，主要有以下几种形式。

（1）农业文化品牌打造。在农文旅融合过程中，通过整合优化当地历史和现代文化资源，可以形成当地农业文化品牌，进而打造一系列当地独特的农产品子品牌。

（2）农产品品牌和旅游品牌融合。农业与旅游业融合，有助于打造农产品品牌，形成旅游品牌，二者相互促进、互动提升。

（3）衍生品品牌创建。农文旅融合带动下的企业持续发展，可形成相关旅游纪念品或农产品加工品牌，作为农产品品牌的衍生品，进一步提升农产品品牌知名度。

自20世纪90年代开始，关于农产品品牌建设的课题开始受到国内营销学者的关注。自此，营销界、品牌界关于我国农产品品牌建设的研究视角变得越来越宽广，在品牌建设的必要性、品牌忠诚、品牌建设方法、品牌差异化、品牌文化、品牌内涵塑造等方面进行了较多的研究。然而，关于农产品品牌的概念却一直没有一个权威的定义。田园和苏霞（2012）认为农产品品牌是指消费者对某一特定农产品总体形象和认知水平的一种评价。张姮（2012）认为品牌农业基本等同于农产品品牌，品牌农业特指农业生产经营者取得相关质量认证，并取得相应的法定商标权，通过向市场提供具有较高认知度、美誉度或良好口碑的农业类产品，从而获取较高经济效益的农业。孙莉娜（2012）认为农产品品牌是农产品生产者、经营者通过分析当地经济因素、社会因素和文化因素等，给本企业产品确定的具有特色优势和竞争优势并能适应市场需求和社会发展的名称、标识的组合。

在此之前，有不少学者提出了有关概念，这些概念大多基于消费者、农产品品类特点、品牌理论等视角。例如，舒咏平（2000）认为农产品品牌是农产品生产经营者给自己的产品确定的具有个性特色和竞争优势的名称与标志的组合，该组合整合了当地经济因素、社会因素和文化因素等，并与社会经济发展和市场需求相适应。李军波和郑昭（2007）认为农产品品牌是用于区别不同农产品商标等要素的组合。白光和马国忠（2006）、胡晓云等（2007）、李敏（2008）主要从传播学和广告学理论的角度出发，认为从根本上来说，农产品品牌是一种识别标记。李敏（2008）认为农产品品牌是品牌概念在农产品中的延伸和运用，是指农产品经营者及其产品产地和质量的识别标志，代表着农产品经营者的信誉及其对消费者的承诺，是农产品经营者的无形资产，是农产品经营者与消费者沟通的桥梁。王玉莲（2010）认为农产品品牌是卖者向买者提供的用以区别竞争者产品或服务的一种标识，以及一系列传递产品特性、利益、文化和联想等的总和。这种看法与胡晓云等（2007）的理论有异曲同工之处。

作为品牌理论在不同品类间延伸的一部分，农产品品牌概念首先应基于品牌基础理论，其次应具备品类特色。从这个角度出发，田园和苏霞（2012）的概念既涵盖了戴维·阿克（2005）关于品牌概念的界定，又加入了农产品的品类特征，同时该定义的抽象性和一般性更强，具有极强的理论性和操作性，构成了本书的理论概念基础。

四　品牌结构概念界定

戴维·阿克（2005）首次系统地提出了品牌结构模型，认为品牌结构是品牌组合战略的重要组成部分，品牌组合战略包括组合所扮演的角色、品牌范围、品牌结构、品牌组合、定义产品时所扮演的角色、组合图标。其中，品牌结构包含品牌网状模型、品牌分组、品牌等级树三个方面的信息。品牌结构的目标由五个部分组成：①杠杆作用（扩充现有的品牌资产，创造未来的发展平台）；②协同作用（通过品牌组合来实现最优的资源分配）；③相关性（适应市场的动态变化）；④强势品牌（赋予品牌活力，扩大品牌的差别化，提高品牌的清晰度）；⑤创造新的产品类别和子类别。然而，我国对品牌结构的研究远远落后于西方发达国家。

品牌组合与品牌结构有较多的共通之处，因此很容易混淆两者的概念。对于品牌组合的概念，大部分学者在戴维·阿克（2005）的品牌结构模型基础之上提出了不同见解。例如，Riezebos（2003）对品牌组合的定义是一个公司拥有的一套品牌。Keller（2008）认为品牌组合是特定公司的特定产品类别中所提供的所有品牌及其延伸物。Dacin 和 Smith（1994）、DelVecchio（2000）认为品牌结构由所有品牌产品组合构成。Devlin（2003）认为品牌结构是一种组织方法，即对品牌组合进行设计和管理，品牌结构的决策过程和结果与品牌的使用、一系列具体品牌的定位以及品牌之间的关系有关。Dooley 和 Bowie（2005）认为品牌结构是品牌组合的高级管理方法和形式，涉及对每个品牌进行定义，并确定相关性和归属，也就是说，品牌结构包含由众多分支组成的品牌树，反映的是各分支之间或分支与母品牌之间的关系。在众多学者的概念中，Keller（2008）的概念比较有代表性，其强调的焦点在于产品品牌之间形成的合力。

然而，品牌结构来源于品牌组合，但又高于品牌组合。一方面，品牌结构强调产品品牌和公司品牌之间的数量关系（涵盖了品牌组合的概念内涵）；另一方面，品牌结构强调各子品牌之间、子品牌与母品牌之间的互动关系，以及由这些互动关系产生的品牌形象动能，这种品牌形象动能类化为品牌资产最重要的组成部分之一。

关于品牌结构的定义，国外很多学者有各自的看法，其焦点基本集中在品牌关系方面，是对品牌内部各子品牌之间或产品线品牌之间黏合关系或独立关系的描述与界定。例如，Douglas 和 Craig（2001）、Rao 等（2004）认为品牌结构是一个产品和另一个产品关系路线的标志，决定了一个品牌与另一个品牌、另一类品牌、另几类品牌的关系。Devlin（2003）认为品牌结构就是一个组织设计和管理品牌组合的方法。Claude（2009）认为品牌结构定义了相关产品的排他性独立程度，并深层次地定义了公司在市场中的品牌域。Aaker 和 Joachimsthaler（2000）认为品牌结构是品牌组合的组织结构，这种结构指定了品牌之间的角色和关系。Harish（2006）认为品牌结构是指一个公司在品牌命名、定位和营销等方面如何组织其产品或品牌组合。还有学者从品牌所涉及的业务单元出发，认为品牌结构是制定和修正品牌战略最重要的基础。从品牌结构对品牌资产作用的重要性来看，这种品牌结构定义是比较符合实际市场实践的。例如，Petromilli等（2008）认为动态市场和新的商业策略迫使企业重新评估各品牌之间的适配关系，品牌的组织、管理、感知方式通过品牌间的相互作用来提升组织价值，这就是品牌结构。

基于戴维·阿克（2005）的品牌结构模型，本书认为品牌结构是公司品牌下各品牌的作用以及各品牌之间的良性互动关系，是品牌资产的重要组成部分。品牌结构的一个关键要素就是确保每个品牌都有一个明确定义的范围，在它应该发挥作用的环境中扮演好自己的角色；另一个关键要素是确保各个品牌在其职能范围内发挥作用的同时，积极强化其他品牌的作用，使各品牌相辅相成，形成一个协调一致、协同作战的品牌集群。品牌结构不仅是一种管理理念，更是一种操作工具，它规定了品牌之间如何定义、其关系如何，以及怎样进行科学有效的品牌资源整合等，并提供了一套品牌工具。本书中提到的品牌结构概念即基于此。

以中粮品牌为例，其品牌结构较为复杂。在品类覆盖方面，中粮进入了三大领域——食品、非食品、酒店地产，其主攻目标市场为食品品类，这也是品牌联想最紧密的市场区隔。从子品牌与母品牌之间的背书关系看，食品品类中的福临门、黄中皇等品牌与母品牌的品牌联想最为紧密。尽管蒙牛、五谷道场等子品牌与母品牌的距离较远，背书关系不紧密，但是该子品牌与其他子品牌之间的背书关系则在悄悄发生。也就是说，中粮通过自有品牌建设直接扩展品牌组合宽度，同时通过收购、兼并等模式，间接扩展品牌意义（或品牌内涵）的宽度，并在无形中强化了子品牌之间的背书关系，使其成为一个互相影响、互相促进的品牌家族网络（如亚龙湾与蒙牛之间的关系、华尔道夫与德兰之间的微妙关系等）。农产品品牌结构与其他商业品牌有较多相似之处，一方面，在品牌建立之初，品牌建设者有意识地塑造品牌，并按照一定的策略强化品牌联想；另一方面，不少品牌的建立是在自然生产过程中被市场倒逼的结果。

第三节 农文旅产业与视觉形象设计融合的新思路

一 与新型农业业态相结合

由于农业资源要素的多元化，近年来通过不同方式的资源融合，已催生出服务型、创新型、社会化和工厂化等多种农业新业态，各种发展业态呈现不同的阶段性特征。通过对产业链的横向拓宽，产生了休闲农业、会展农业、景观农业、创意农业、阳台农业等服务型农业新业态。本书主要将视觉形象理论应用于创意农业、农产品电子商务领域的品牌创建。

目前创意农业处于萌芽期，大多以创意元素的形式融入休闲旅游产品开发中，市场份额较小。创意农业包括产品创意、服务创意、环境创意和活动创意等，以产品创意和活动创意为主。在产品创意方面，主要是通过对产品功能与造型推陈出新，或赋予其文化新意，使普通农产品变成纪念品甚至艺术品，从而使农产品价格倍增。在活动创意方面，主要是通过定期或不定期举办文化创意活动，提高消费者的体验价值，视觉形象设计理念可服务于创意农业的品牌创建。创意农业目前尚不具备较大规模，市场份额较小，由打造创意到形成产业，还有很长的路要走。

农产品电子商务（以下简称农产品电商），是指采用电子商务的手段在互联网上直接销售农产品及生鲜产品，如五谷杂粮、新鲜果蔬、有机食品、地方特产、生鲜肉类等。随着互联网的飞速发展，农产品电商将有效推动农产品产业化的步伐，促进农业经济发展，最终实现"地球村"，改变农产品交易方式。在农产品品牌创建过程中，可由线下销售拓展到线上销售，以达到收益最大化的目的。目前农产品电商已进入成长期的快速推进阶段，同时各种瓶颈正在显现，而视觉形象设计的应用可有效缓解品牌竞争带来的巨大压力，从而完善产业链的结构建设。

二 与农文旅品牌创建的多个环节相结合

第一，对农文旅品牌理论研究的创新和贡献。现有农产品品牌理论研究大多集中在宏观视角，很少有从企业品牌创建的各个环节等微观角度进行研究。本书将品牌结构和品牌组合概念进行分析对比，清晰地说明了两者的关系和区别，同时将视觉形象设计理念融入品牌资产建设中，在分析我国农产品品牌资产等相关理论研究的基础上，把品牌结构理论引入农产品品牌建设领域，将农产品品牌理论研究延伸到品牌资产下的一个理论分支。这对于农产品品牌理论研究来说，起到了开拓性的作用。未来的农产品品牌理论研究领域可以继续从品牌资产的其他分支，如品牌联想、品牌延伸等角度进行研究。因此，本书对农产品品牌理论研究起到了一定的引领作用。

第二，从消费者视角研究农产品品牌结构，同时考虑可能影响品牌结构设置的企业、竞争等因素，可以说是一个全面视角观（整合研究视角）。本书既提出了影响农产品品牌结构的综合性指标，也专门对各个分视角的影响因素进行了界定和测量，这可能对将来学者们研究农产品品牌结构或农产品品牌其他理论分支起到拓展视角的作用。

第三，首次比较深入地分析和论证了农产品品牌结构设置的特点。国内对品牌结构模式的分析往往借鉴西方研究成果，但在对各种模式的理解上存在较大偏差。本书首先对容易混淆的西方研究结论进行了分析与论证，并给出了明确的定义范围。其次对极易混淆的品牌结构与品牌组合概念进行了详尽的论述。在此基础上，将我国农产品品牌发展过程中存在的问题与品牌结构模型进行有效结合，通过构建模型和实证分析，提出了我国农产品品牌结构的几个特征，并对影响这几个特征的综合性指标进行归类，构建了评估模型。

三 与品牌的乡村文化旅游项目相结合

旅游是以农产品品牌为基础逐渐成熟发展而来的，对于品牌的乡村文化旅游项目来说，项目本身即产品。品牌视觉形象设计不仅仅局限于 Logo、海报设计等，还包含装潢设计。装潢设计是在 Logo 设计、包装设计、图像设计和广告设计之后的最后一道设计程序，主要是对商品进行介绍并予以保护和美化，联结产品和消费者，也可以被称为视觉形象识别系统设计。这项设计不仅科学严谨，而且具有预见性，拉近了消费者与品牌的距离。

本书的总体框架见图 1-2。本书把农业品牌、文化品牌、旅游品牌融合起来，同时也显示出视觉形象设计在品牌建设中的重要作用。

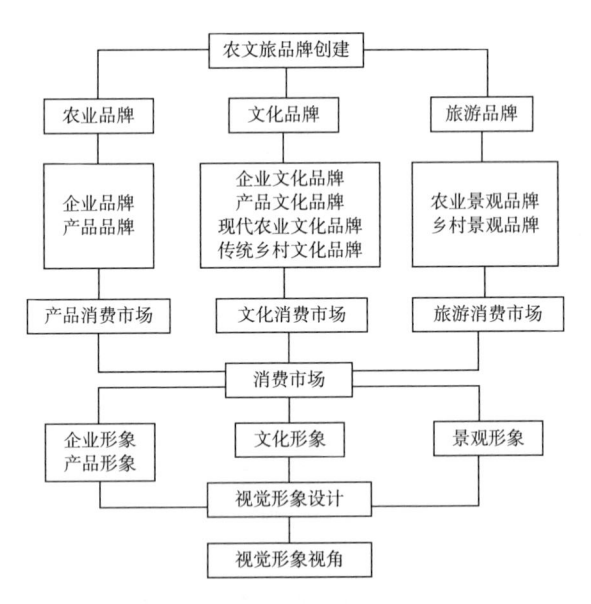

图 1-2 本书的总体框架

第二章
国外农文旅品牌创建研究综述

第一节 关于品牌创建中农文旅相互关系的研究

近年来,国内外关于农产品品牌的研究主要集中在农产品品牌战略以及农产品品牌建设状况、问题和对策等方面。采用的方法大多集中于定性研究或政策性思辨研究,做定量研究的文献很少。

2019年中央一号文件《关于坚持农业农村优先发展做好"三农"工作的若干意见》强调要健全特色农产品质量标准体系,强化农产品地理标志和商标保护,创响一批"土字号""乡字号"特色产品品牌。乡村旅游可基于区域农业品牌来建设。因此,基于区域农业品牌的乡村旅游建设的本质,即农业旅游品牌的创建。乡村旅游品牌创建源于传统农耕方式和生活方式,多以传统村落为基础,但农业品牌创建也与现代化农业生产方式、大型农业企业密不可分。为了提高不同区域、村落的可辨识度和竞争力,通过保留部分传统生产、生活方式来"留住乡愁",同时融入现代化农业生产、销售的体系和方式,可达到事半功倍的效果,也就是利用乡村农业文化来辅助乡村文化品牌创建,促进乡村振兴。

一 农文旅产业的关系及内涵

按照产业分类习惯,农文旅三个产业中,农业属于第一产业,旅游业和文化产业都归为服务业范畴，属于第三产业。第一产业和第三产业的关系是相互依赖、相互制约的：第一产业为第三产业奠定基础、创造条件；第三产业的发展能够促进第一产业的进步，对第一产业有带动作用。

农业包括种植业、林业、畜牧业、渔业、副业五种产业形式，狭义农业是指种植业，是生产包括粮食作物、经济作物、饲料作物和绿肥等农作物在内的生产活动。农业是人类社会赖以生存的基本生活资料的来源，是社会分工和国民经济其他部门成为独立生产部门的前提和进一步发展的基础，也是一切非生产部门存在和发展的基础。农业是国民经济中的一个重要产业，国民经济其他部门发展的规模和速度都要受到农业生产力发展水平和农业劳动生产率的制约。

根据国家统计局 2018 年 4 月发布的《文化及相关产业分类（2018）》，文化产业主要涵盖新闻信息服务、内容创作生产、创意设计服务、文化传播渠道、文化投资运营、文化娱乐休闲服务、文化辅助生产和中介服务、文化装备生产、文化消费终端生产 9 个大类。其中，内容创作生产、创意设计服务、文化娱乐休闲服务、文化辅助生产和中介服务、文化装备生产、文化消费终端生产与农业、旅游业融合机会较多。

旅游涉及食、住、行、游、购、娱等多个环节，因此旅游业是由餐饮业、住宿业、交通业等多个产业构成的一个庞大的产业集群。

二　品牌创建中农文旅产业融合发展

农文旅产业融合发展的"机理融合"一词常见于经济学领域，它是指不同个体向同一点或边界汇合并开始拥有共同的特征。关于产业融合的概念，尽管学术界有颇多观点，但也基本达成了共识。产业融合是指不同产业或同一产业内的不同行业相互渗透、相互交叉，最终融为一体，逐步形成新产业的动态发展过程，其特征在于融合的结果催生了新的产业或新的增长点。产业融合是一个综合性的系统工程，包含资源融合、企业融合、产品融合、技术融合、管理融合和市场融合等多个层次。产业融合产生于20世纪80年代的通信、电视、广播等领域，20世纪90年代成长于金融、运输、能源等更为广泛的领域，进入21世纪后，产业融合现象变得更加频繁，亦将对社会经济发展起到深刻的引领作用。农文旅产业的互动融合关系可从两两融合关系谈起，具体体现在以下三个方面。

（一）农业与文化产业之间的融合

农业是中国文化的根基，是中国文化得以传承的重要载体；文化是国家的血脉和灵魂，是民族凝聚力和创造力的重要源泉。当农业与文化相遇，随即出现了农业文化的概念，继而带来农业文化保护与传承、农业文化资源开发与利用等话题。在中国农业现代化进程中，如何有效把握文化与农业发展的结合点，顺应文化强国建设的需要，呼应保护世界农业文化遗产的潮流，更好地发挥农业文化在休闲农业建设中的作用，解决中国"农业、农村、农民"问题，是全面推进乡村振兴进而实现中华民族伟大复兴的一项重大任务。

（二）农业与旅游业之间的融合

当农业与旅游结合，与"农"有关的农业生产、农村风貌、农民劳动和生活场景成为旅游活动的主要吸引物，进而产生了农业旅游。农业旅游是第一产业与第三产业融合而成的一种新业态，它是一种新型的农业服务业，是产业结构高度化之后的产业创新。这一新型产业形态将以极大的扩散渗透效应推动产业结构的转型和升级。农业旅游也是汇集城乡资源的最佳平台，它将城市的需求和资源、农村的生态和产业等集聚起来，实现了资源与产业的融合。所以，农业旅游是产业融合的结果，它将农业与旅游业两个产业各自拥有的优势进行交叉互补、渗透融合、形态创新，具有非常广阔的前景。

（三）文化产业与旅游业之间的融合

文化是旅游的灵魂，是旅游发展的重要根基和保障；旅游是文化的载体，是文化传承与保护的重要媒介和传播阵地。文化因素与旅游资源的融合使不同地区形成了千差万别的文化旅游特色和魅力；文化产业与旅游业的良性互动发展，将促进旅游目的地建设，产生巨大的经济效益和社会效益。旅游业要健康持续发展，必须高度重视对文化资源的利用，不断提升旅游业的文化内涵和品位。文化与旅游的深度融合，有助于加快文化产业发展，促进旅游业转型升级，推动中华文化遗产的传承与保护，满足人民群众的消费需求。

综上所述，"以文促旅，以旅兴农，农文旅互惠"，既揭示了农业、文化产业、旅游业的互动融合过程，也揭示了农文旅融合发展的机理。农业、文化产业、旅游业的相互融合使三者构成了浑然一体的产业体系、相互促进的功能体系和相互渗透的产品体系。从农文旅产业融合发展的角度来看，休闲农业的发展之路是一条文旅交融之路。以文化为灵魂，以文化显个性，以文化建品牌，以文化拓市场，休闲农业才更有生命力、影响力和吸引力。同时，休闲农业的发展之路也是一条农旅共兴之路。以旅兴农，以农促旅，以景观的概念建设农村，以旅游的理念经营农业，以人才的观念培育农民。通过农业产业化以及延伸的旅游业、休闲业等关联产业的发展，促进农业增收、农村发展、农民致富。

三 品牌创建中农文旅产业融合的特色小镇

国内外知名村庄以及农业旅游示范点的发展历程表明，农文旅产业融合发展有利于促进旅游业的优化和升级，有利于提升城市与乡村的核心竞争力，有利于缓解"三农"问题，促进土地增值、产业增效、农民增收。

法国普罗旺斯是世界知名的旅游胜地，它是由一系列知名的文化小镇形成的文化产业集群，堪称文化产业推动城镇化发展的典范。农业是普罗旺斯发展文化产业的基础，普罗旺斯的主要产业是薰衣草和葡萄酒产业。薰衣草和葡萄酒是使人放松舒适的雅品，也是一部分人生活中必不可少的，这种状态是吸引人群的重要因素。以忘忧闲适为主题，再加上中世纪的骑士爱情故事，使普罗旺斯成为充满浪漫情怀的地域，它满足了人类最基本和最重要的生活追求。

薰衣草和葡萄酒营造出的意境吸引了世界各地的艺术家集聚到该地区，从而把普罗旺斯的文化产业推向顶峰。薰衣草散发出的自由的色彩激发了艺术家创作的灵感。塞尚、凡·高、莫奈、毕加索、夏卡尔等大画家纷纷到此寻找灵感，美国作家费兹杰罗，英国作家劳伦斯、彼得·梅尔，法国作家赫胥黎，德国诗人尼采等也到此一游。名人和精神领袖使得普罗旺斯成为普通人群的梦想之地。普罗旺斯以意境、文化巨人的魅力为基础，结合高科技手段，大力发展新兴文化产业，形成文化产业集群，如每年戛纳电影节就是其衍生的文化产业。

国外特定产业型特色小镇对环境的要求较高，产业独特性也非常高，如国家的经济实力、金融发达程度、在世界经济中的地位、地理位置、人才、税费、交通、环境、信息技术等具有唯一性和难以复制的特点，是在特定土壤里生长出来的特色小镇。它们共同的特点是都以文化为中心开展一系列活动或修建建筑，从而丰富文化的内容。

2016年7月以来，住建部已公布两批次共403个特色小镇，各省区市共公布省级特色小镇979个，县（市、区）级特色小镇也在积极创建中，计划创建超过2000个各具特色、富有活力的休闲旅游、商贸物流、现代制造、教育科技、传统文化、美丽宜居等一系列特色小镇，以此带动全国小镇建设。在我国广袤的土地上分布着众多各具特色的小镇，其中有不少因拥有独特的自然资源和富有地方风情的历史文化而成为名镇。当下，一些地区已经进行了建设优秀特色小镇的尝试，但综观其实践不难看出，很多小镇的建设难以脱离"资本搭台、文化唱戏"的规律。前些年，多地一大批文化产业园区建设项目快速跟风上马，终因缺少文化内涵和发展后劲的"烂尾"问题而饱受业界诟病。

一个优秀的特色小镇绝不仅仅体现在建筑风格和街区环境上，往往要以发展一个或多个当地特色产业为根基，并着力在各个方面挖掘产业的文化附加值。特色小镇确实能够对地方旅游乃至地方经济产生拉动作用，特别是有的小镇因出产富有地方特色的产品、小吃等而驰名中外，对其进行开发能够产生一定的经济价值。但是，一个小镇之所以能够成为特色小镇，更重要的在于其千百年的文化资源积累。即便是一些看似简单的特色小吃，其实也是因为其在历史传承中被赋予了各种传说才得以绵延，并且得到人们的喜爱。对于很多小镇来说，这种文化资源是独一无二的，是别的地方所不具备的。因此，在特色小镇的建设中，地方政府应挖掘文化底蕴，提升其核心竞争力，为小镇发展注入源源不断的生命力。

要让小镇真正具有灵魂，必须提炼能够体现小镇独特风貌和特点的文化元素，打造富有文化气质的特色小镇。特别是要真正从小镇本地的历史出发，挖掘小镇的文化内涵，将文化作为特色小镇的灵魂。

第二节　关于农文旅品牌创建与视觉形象设计相互关系的研究

品牌的使用起源于古罗马时代，以及中国的商周时期。品牌起初是一种"私人财物"的识别图形，至今品牌的这种原始基本功能还在发挥作用。自 1955 年美国学者 Gardner 和 Levy（1955）在《哈佛商业评论》上发表《产品与品牌》一文后，品牌最终变成企业战略，并被品牌商启用。不过直到 20 世纪 80 年代，关于品牌理论的研究还没有取得实质性进展。

一 品牌概念和理论的建立

20世纪80年代之后，品牌理论才开始被学者广泛关注。其中，Aaker（1989）引领品牌理论研究达到了全新阶段，他的品牌资产理论甚至成为纲领性理论。国内著名品牌学者卢泰宏和周志民（2003）、余明阳（2004）等对品牌理论的演变历程进行了总结。卢泰宏和周志民（2003）认为品牌理论经历了品牌定义、品牌战略、品牌资产、品牌管理四个发展阶段；余明阳（2004）认为品牌理论与产品生命曲线类似，经历了产生、发展和成熟阶段。几位学者的观点似乎不尽相同，但实际上卢泰宏和周志民教授是以品牌发展的重要标志为分界点进行阶段划分的，而余明阳教授则是从阶段实质的角度进行划分的。几位学者为品牌战略制定提供了很好的角色依据，其理论既是对既往研究的总结，也是对未来研究的一种开拓。在对待品牌战略问题上，诸多学者提出了自己的见解，其视角涵盖品牌识别、品牌产权、品牌延伸等。

二 不同品牌发展阶段的战略问题

（一）阶段一：聚焦产品核心功能拓展的主打产品族群培育阶段

当品牌开始被消费者忽视，即表明它开始老化，这一问题可以通过产品创新解决（Lehu，2004）。面对竞争者威胁、品牌形象老化、主打产品单一等问题，企业需采取一系列应对措施。首先，要培育卓越的市场感知能力；其次，在全球化背景下，面对自身的资源情况，企业应主动作为，寻找可以借用的资源，尤其是技术资源和研发资源，进而聚焦市场。研究发现，这一阶段的资源整合主要是开放聚焦型的资源整合，并在此基础上塑造企业的市场感知能力，为后续的产品创新和品牌形象重建提供资源支撑。通过开放聚焦型资源整合，企业具备了整合不同技术的能力，这些能力背后是产品的功能价值。企业基于市场感知到的消费者需求，从为消费者创造价值角度出发，将产品的核心功能与不同的产品功能属性结合起来，思考如何将产品特点和消费者需求很好地契合在一起，既可以充分发挥产品的特性，又能够满足消费者的需求，实现产品的功能性价值整合。这种依托于产品自身独特价值的系列差异化产品一经推出，便会因其独特的产品特性而崭露头角，迅速在该类产品中抢占竞争优势。企业在资源整合的基础上进行品牌形象重建，在开发每一款产品时对产品希望传达给消费者的品牌感受展开调研与规划，即品牌身份的构建，并在产品上市时实施品牌整合传播，对目标人群进行细分，精选媒体和传播方式，同时根据产品属性选择不同的代言人，特别是可以为品牌注入活力的代言人，如奥运冠军或影视明星等。配合"高价值、高价格"的产品定位，在产品推广上也一以贯之地努力塑造"高端形象"，形成合力，将产品打造成消费者心中高端时尚的品牌。品牌形象的改善，能够为后续产品的创新、培育创造更好的品牌环境。企业在产品创新过程中持续追求的价值导向使产品的形态逐渐契合用户需求，同时凭借高水准的产品品质和良好的用户体验，进一步推进品牌形象的重建。由此，在产品和品牌间良性互动和共同成长的过程中，形成产品创新和品牌形象重建互为支撑、相互推进的主打产品族群培育机制，不断提升核心产品的品牌价值，为企业的后续发展打下良好基础。基于过程分析，主打产品族群培育阶段相关机理见图2-1。

（二）阶段二：聚焦核心品牌跨界创新的品牌族群培育阶段

聚焦核心业务领域的市场空间总是有限的。与产品核心功能直接相关的业务领域在第一阶段基本开发完成，此时消费者基于产品核心功能的认知会形成品牌的边界效应，如果不能取得突破、丰富

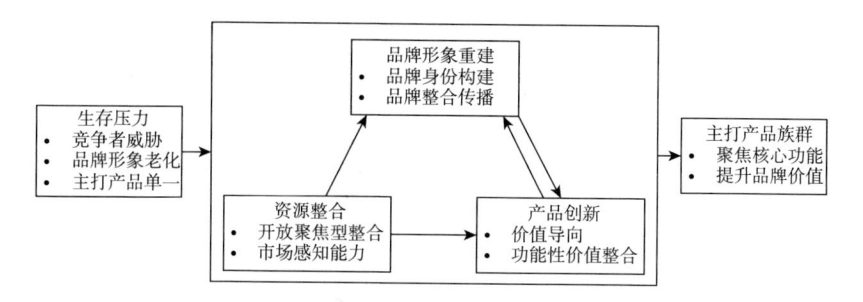

```
┌─────────────────────────────────────────────────────────┐
│                    ┌──────────────────┐                 │
│                    │ • 品牌形象重建    │                 │
│                    │ • 品牌身份构建    │                 │
│  ┌──────────┐     │ • 品牌整合传播    │   ┌──────────┐ │
│  │生存压力  │      └──────────────────┘    │主打产品族群│
│  │•竞争者威胁│         ↗        ↖         │•聚焦核心功能│
│  │•品牌形象老化├──→                   ───→│•提升品牌价值│
│  │•主打产品单一│    ┌──────────┐ ┌──────────┐└──────────┘│
│  └──────────┘     │资源整合  │ │产品创新  │              │
│                    │•开放聚焦型│→│•价值导向  │             │
│                    │ 整合     │ │•功能性价值│             │
│                    │•市场感知能力│ 整合    │              │
│                    └──────────┘ └──────────┘             │
└─────────────────────────────────────────────────────────┘
```

图 2-1　主打产品族群培育机理

资料来源：许晖、邓伟升、冯永春、雷晓凌：《品牌生态圈成长路径及其机理研究——云南白药 1999~2015 年纵向案例研究》，《管理世界》2017 年第 6 期。

品牌内涵，就很难开拓全新的市场空间，再加上竞争者的倒逼，企业的成长显得尤为紧迫。因此，对于企业而言，这既是一个从生存压力向成长压力转换的拐点，也是企业培育品牌族群的最佳时点。在此阶段，企业主动突破的发展战略思路极其重要。研究发现，企业首先应进行战略匹配式的资源重构，并在此基础上塑造市场开拓能力，为品牌培育和品牌协同提供资源能力支撑。企业以其核心品牌和经过重构的资源能力为依托，在品牌定位协同下确保新品牌的差异化定位，展开跨界创新，将企业的核心能力拓展到全新的业务领域，推进新品牌培育。

跨界创新的目的是将核心产品的品牌价值迁移到全新的目标市场以实现品牌价值的升级（Leek，Christodoulides，2012）。品牌价值迁移的对象主要是品牌层面的品牌背书能力和产品层面的核心功能，通过将这两部分核心价值向不同的细分市场拓展，共同推动企业品牌走出单一领域。研究发现，一方面，企业基于品牌定位协同展开跨界创新，通过品牌价值迁移，在品牌运营层面研发、渠道、采购等领域的协同支持下不断培育新品牌，实现子品牌与核心品牌的族群式发展；另一方面，品牌的族群式发展又不断完善和提升现有品牌的协同能力，尤其是品牌的战略协同能力，便于企业在市场上与竞争对手展开全面的竞争。由此,形成品牌培育和品牌协同互为支撑、相互带动的品牌族群培育机制,不断丰富核心产品的品牌内涵,既增加了子品牌与核心品牌的价值积累,又扩大了经营规模,促进了企业的成长。基于过程分析,品牌族群培育阶段相关机理见图2-2。

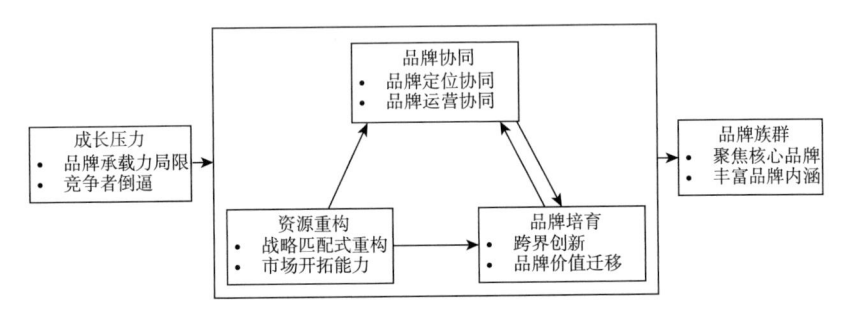

图 2-2 品牌族群培育机理

资料来源:许晖、邓伟升、冯永春、雷晓凌:《品牌生态圈成长路径及其机理研究——云南白药1999~2015年纵向案例研究》,《管理世界》2017年第6期。

(三) 阶段三:聚焦平台建设的品牌生态圈构建阶段

当企业以品牌族群为依托发展到一定规模后,尤其是当销售收入增长到一定数额时,市场空间和产业边界的局限无疑进一步制约了企业的发展。此时,企业不得不思考如何打破产业边界,开拓全新的市场空间。从品牌族群到品牌生态圈,企业不仅要突破产业壁垒,构建大健康闭环产业链,而且要打破边界,实现与利益相关者的共生发展。作为一种全新的战略模式,企业可通过推出新产品与新模式来指导品牌生态圈的构建。借助企业整体搬迁这一契机,企业对现有资源进行重构,打造统一、开放的研发平台、制造平台、创业平台等开放实体平台,完成资源的平台化重构和平台整合能力塑造。为了实现为品牌族群架构的构建与培育提供实体产业支撑,企业可布置闭环产业链的格局。由此可知,品牌生态圈的底层是开放闭环产业链的支撑。根据闭环产业链布局,企业在相应业务板块推进品牌族群架构的构建与培育,每个品牌族群都基于公司战略规划和产业链布局聚焦于相应的业务板块,族群内的子品牌都有独特的品牌定位,共同聚焦于所在品牌族群对应的业务板块,实现品牌与细分市场、品牌族群与业务板块、品牌生态圈与闭环产业链的融合发展,为打破边界、实现品牌共创奠定了良好的基础和提供了必备的支撑条件。在此基础上,企业进一步完善平台的价值网络构建,引进共创机制,为其他企业提供平台型支持,把企业的渠道、制造和研发都做成开放式的,理顺分享机制,以便为合作伙伴提供品牌背书、渠道、制造以及全方位的研发服务,共同围绕平台建立完整的生态系统。构建一个以第一产业企业为核心、网络合作体系共同运作的生态圈,让产业链上的各个产品在竞争性市场中重新展现自身独特的资源价值。根据上述分析,到品牌生态圈这一层次,企业追求的不仅是通过品牌族群架构的构建与培育扩大市场空间,更重要的是构建以自身企业为核心、企业核心竞争力为"添加剂"的平台价值网络,放眼全球,强强联合,以强制强,在充分竞争的市场中重新展现原有核心竞争力的资源价值,进而打破核心能力刚性,实现核心能力的进阶与提升(Leonard-Barton,1992)。以平台价值网络为基础,与组织内外部的相关者共创品牌,持续推进品牌族群架构的完善。同时,品牌族群的成长及其架构的完善,也为品牌共创提供了良好的环境保障。由此,形成品牌族群架构和品牌共创相互促进、互为支撑的品牌生态圈培育机制,建立闭环产业链基础上的系统性竞争优势,实现相关者的共赢。基于过程分析,品牌生态圈构建阶段相关机理见图2-3。

三 法国农产品地理标志管理体系介绍

从宏观角度和整体层面来看,法国农产品地理标志管理体系由立法保护、组织管理和市场运作三个方面组成。严格而有针对性的

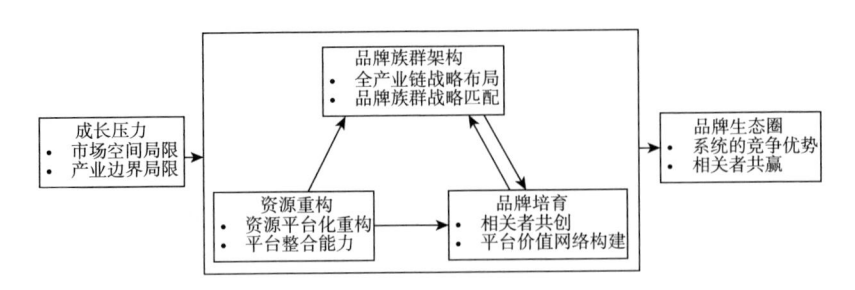

图 2-3 品牌生态圈构建机理

资料来源：许晖、邓伟升、冯永春、雷晓凌：《品牌生态圈成长路径及其机理研究——云南白药 1999~2015 年纵向案例研究》，《管理世界》2017 年第 6 期。

立法保护能够保证农产品地理标志的主体存在，健全而严格的组织管理是地理标志农产品健康发展的助推器，有序而协同推进的市场运作是地理标志农产品实现高附加值的催化剂。

（一）立法保护

从农产品地理标志保护强度和效度看，专门法的保护水平最高。法国是实行农产品地理标志专门法保护最早并一贯执行的国家，法国农产品地理标志立法起源于 1905 年 8 月 1 日禁止商业活动中假冒行为的法律。该法第 11 条规定，应当由公共管理部门制定享有原产地名称的产品的规则。法国于 1919 年 5 月 6 日颁布了《原产地名称保护法》，专门立法对农产品地理标志进行全面保护，并分别于 1990 年和 1996 年进行了两次修改和完善，清楚、明确地强调农产品地理标志的地位与功能，规定了原产地名称的注册登记制度及行政与司法程序，并明确盗用原产地名称是不法行为，赋予了产地范围内特定经营者对农产品地理标志的专属使用权和禁止他人使用权，很好地保护了地理标志权利人的利益。由于专门法便于操作、针对性强、立法层次高、保护力度大，法国农产品地理标志从产生之初就得到了较好的保护，并保证了农产品地理标志作为知识产权法律地位的主体存在，使其能够高效快速地发展。

（二）组织管理

法国农产品地理标志管理的高效性来源于法国农产品地理标志健全而严谨的组织管理体系。法国农产品地理标志的行政主管部门为农业部，司法诉讼、司法保护等主管部门为法院，并配有健全的组织管理体系和严格的规章制度。法国高效的组织管理由三个方面组成：一是法院依据专门法制定原产地保护的基本原则并负责司法案件的处理；二是农业部制定统一的农产品地理标志认定标准，负责农产品地理标志的登记、注册和质量监管等，如食品政策部（DGAL）和政治经济委员会（DPEI）分别对地理标志农产品的质量特性要求、流程操作和申请批准等程序进行专门负责；三是由政府授权的行业协会负责对所属区域的农产品向商标认证委员会（CNLC）申请质检合格标志，质检合格后向原产地保护国家委员会（INAO）提出地理标志申请，并负责地理标志农产品的市场调研和生产监管。法国农产品地理标志健全而严谨的管理体系（见图2-4）使各主管部门职责明确、责任到位、层层相扣，确保了农产品地理标志各项工作的高效运转和无缝对接，保证了地理标志农产品的生产质量和高附加值及品牌声誉。

（三）市场运作

法国农产品地理标志的成功保护与其以发展促保护的管理理念是密切相关的。法国通过国家层面、行业协会和相关部门制定协同合作的管理体制，树立以发展促保护的管理理念，对地理标志农产品开展市场监督、市场调研和市场推广，不断延伸拓展市场，使其地理标志农产品在国际高端市场中占据重要的地位和较大的份额。一是在国家层面，法国政府积极向消费者和地理标志农产品生产者宣传地理标志的重要性，鼓励生产者积极提升产品质量，实施

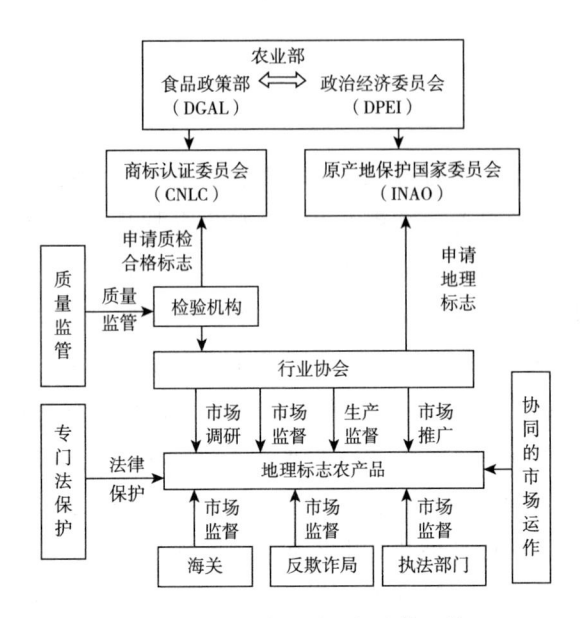

图 2-4　法国农产品地理标志管理体系

资料来源：沈辉、赵银德：《法国农产品地理标志管理体系及对中国的启示》，《世界农业》2014年第10期。

品牌发展战略，并通过各种市场营销方式，在国际市场中积极提升地理标志农产品的知名度。二是在政府主管部门培训以及资金的扶持下，行业协会对所辖地理标志农产品在国内外市场进行推广、宣传和促销，并负责市场调查、研究，提议制定市场发展方向、组织形式和监督管理的各项法规，以保证海内外市场的供需平衡，同时对地理标志农产品的生产进行质量监管，全面保证消费者的利益，大大提升了地理标志农产品的市场影响力，为地理标志农产品的市场发展保驾护航。三是建立了由海关、反欺诈局、执法部门等共同监管、协同推进的市场监管机制，全面维护原产地名称、质量信誉，以保证地理标志农产品在国际市场竞争中的持久生命力（沈辉、赵银德，2014）。

四 国外农文旅品牌创建研究

(一) 日本乡村旅游品牌的发展

日本的"一村一品运动"源于1979年,各地村民充分利用当地资源,因地制宜,力争实现以下三个目标:①占领消费市场;②创造最好的经济效益;③靠质量打响产品的知名度。

于是,日本各地陆续创造了不同区域品牌,区域品牌由下至上、由各县向中央扩展集中,"品牌农业"逐渐跨向"品牌日本"。

在农业生产方面,虽然日本农业生产远远不能满足国内需求,但其仍然将重心放在品质追求上,而不是只追求产量。以"松阪牛"为例,在饲养牛的过程中,选用饲料与饲养程序十分严格,饲料只能以大麦、豆饼为主制成混合饲料,为了提高牛的食欲,甚至会给牛听音乐、做按摩,让牛接受日光浴。尽管一头优质"松阪牛"的价格在4000万~5000万日元,却仍然深受日本人的欢迎,因为它拥有美国进口牛肉所无法替代的品牌形象。在品牌认证方面,日本的品牌认证制度极为完善,从而保护并推动了区域品牌的良性发展。

因地制宜、完善品牌创建思路,通过现代化科技创新提升农产品营养及品质、打造农产品品牌这一理念值得我国农产品品牌建设学习和借鉴。

从日本乡村旅游的发展来看,日本依旧将农业生产作为基础,同时实现旅游业发展,并保持其可持续性,也就是将村落的"农业发展"和"旅游发展"放在同等重要的位置,实现两者的良性促进和循环。为防止乡村旅游的无序和低水准,政府通过景观条例法规,编制指导手册进行教育和引导。通过行政手段对开发对象、行政区域进行约束,同时设置以住民为主体的景观审议会、观光委员会(佐藤诚,2004)。总之,通过对住民进行教育、采取奖励等手段,以及与行政制度相结合来促进日本的乡村旅游有序发展并提升层次。

日本在乡村旅游品牌的打造中，特别注重村落的传统建筑。在乡村旅游开发中，基本上是在保持其"传统"建筑风格的前提下对内部进行改造，以满足居民现代生活所需的基本功能，故而乡村居民仍居住在其中，使其保持原生态并散发活力，不是仅供观赏的空楼。以传统建筑为特色的著名村落莫过于白川乡荻町地区的"合掌造"民宅，这一村落被联合国教科文组织确定为世界文化遗产；还有位于京都府的美山町自然文化村，大量聚集的日式传统茅草房屋为其主要特色。日本乡村旅游的品牌发展路径主要由政府引导，各个农业协会和研究机构进行具体操作，引进公司和企业，协调农户予以配合，其中农业协会扮演的角色十分重要。采取的模式基本上以农业生产资源为基础，农产品以县、乡、町等为单位，再加上公司和企业的参与，走的是品牌路线。首先，以当地的农业生产资源为基础并加以整合开发，打造出具有当地特色的农业品牌；其次，通过对农业品牌产品的营销和推广，打造出属于农业品牌原产地的农村品牌；最后，通过农村品牌来吸引外来游客，打造出独具特色的乡村旅游品牌。乡村旅游品牌的影响力也能带动当地农业品牌和农村品牌知名度的提升，从而实现品牌之间的良性互动，这不仅有利于农户和参与企业收入的提高，而且有利于农村生产资料的进一步优化配置，还有利于各级政府财政收入的增加和形象的提升（见图 2-5）。这种乡村旅游品牌发展模式的典型代表是北海道的中札内村。中札内村是位于日本北海道东北部的一个小村落，处于山地平原结合的地域，气候寒冷，2010 年村内只有 4300 余人。农作物以小麦、马铃薯、甜菜为主，还有少部分蔬菜；畜牧业方面主要盛产牛奶、鸡肉、鸡蛋、猪肉。中札内村大致经历了农产品品牌化、农产品商品加工增值、田园景观改造美化和美术村的旅游发展等几个主要阶段。

说到农产品的推广，中札内村可能没有特别的代表意义，与日本其他大部分地区的做法一样。一般来说，日本有专门的团体，如农业协会，负责对地方的物产、特产进行推广，并设立直营店铺。

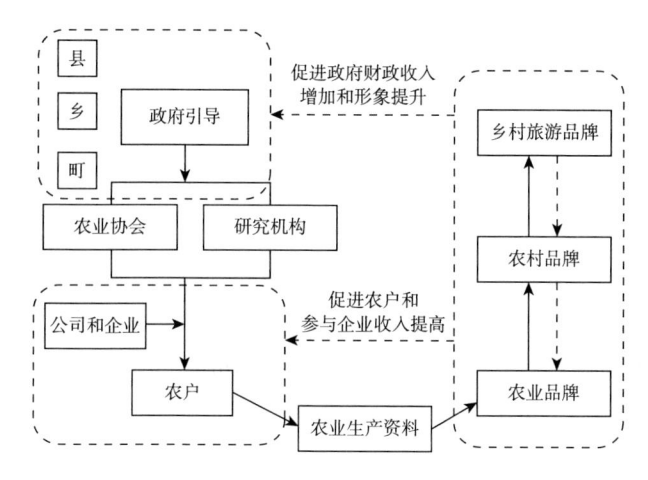

图 2-5　日本乡村旅游品牌发展路径

资料来源：赵爱民、陈晨、黄倩倩、陆恒芹：《日本乡村旅游品牌发展路径及启示》，《世界农业》2016 年第 5 期。

例如，在东京很多地方有冲绳店，冲绳作为日本的热带地区，有很多热带物产是其他地方没有的。这些冲绳店规模不小，像个小超市，售卖的是来自冲绳的物产，几乎涵盖全部产品，以食品为主，如新鲜的蔬菜、水果、蜂蜜、海产，其次就是农业加工产品，如饼干、海味制品等，同时也售卖文化制品、手工制品等，这些物产都可以保证百分之百来自冲绳。这类店铺一般生意非常好，实现了产地直送、直营和直售。在超市里，所有农产品均标注产地和来源。有些超市设有农家直售平台，就是一个小小的蔬菜台，标明种植者的姓名，贴着他们的照片，有些还有联系方式。这样既有助于品牌识别，也让消费者感到放心并产生信任。

中札内村位于北海道境内，每年会随北海道大军团到日本各地进行"大北海道"展览。一般是在每年 4 月，北海道的农产品生产者大规模组团，携带产品到各地的"高岛屋"进行食品展销，由于日本人对北海道产品品质的信任，每一次的展销都十分火爆。

除了以上具有代表性的日本乡村旅游品牌发展路径之外，日本政府在乡村旅游可持续发展方面也下足了功夫。应该说如果没有日本政府的统一协调和支持，就不会有现在日本乡村旅游的蓬勃发展。早在1987年，日本便通过了《故乡重建法》，试图大规模重建农村地区。相关调查显示，此次重建计划覆盖了日本20%~30%的土地面积，该政策使农村建设与农村经济同时得到了发展。在以后日本的乡村旅游发展中，政府强调居民要全方位参与农村建设，从农业产品的生产和销售转化为旅游产品的生产和销售，从开发到建设过程均有居民积极参与。为避免同质化开发和对资源的破坏，政府采取了一系列措施提高产业集群化。同时，不同地区根据所拥有的资源制定不同的发展策略，许多地区开发了温泉旅馆、农庄果园、休闲农场等多样化的乡村旅游。如由大分县发起的"一村一品"运动，保持每个村都与其他村有区别，但又形成关联。每个村都将某样产品打造成为能够象征本地的品牌。大分县的地图将每个村都标注特别产品标识，如牛、羊、西瓜、蘑菇、葡萄等。理论上，每个村都专注于某种产品的生产经营，有利于集中资源，同时避免了不同村庄之间的雷同。在许多地方的火车站，通过宣传册、海报等对本地产品进行宣传，如有些村在车站修建了红色番茄形状的座椅宣传本地农业特色。在实践中，因为需要避免重复生产和保持"一村一品"的专业化，这种品牌发展策略在一定程度上需要政府协调，弱化不同村庄农业旅游产品之间的竞争。这种产业集群化发展使得村与村之间将同质化竞争变为差异化竞争，重塑了竞争形态，从而丰富了乡村旅游的形式，并实现了长期发展（赵爱民等，2016）。

（二）法国农文旅品牌的素质

在品牌塑造策略方面，法国葡萄酒"拉菲"（Lafite）的命名有其自身独特的内涵。据史料记载，"拉菲"的出现可以追溯到公元1234年的法国。当时修道院遍布法国大小村庄和城镇，而位于波亚克村北部的维尔得耶修道院则是拉菲古堡的前身。法国西南部比利牛斯地区方言中"la hite"意为"小山丘"，拉菲因此而得名。直到

17世纪，继雅克·德·西格尔侯爵买下拉菲庄园后，该庄园才真正成为有规模的酿酒葡萄种植园。"拉菲"这一名称朗朗上口，易读易认，便于消费者记忆。另外，该品牌名称本身也具有一定的独特意义，间接地传递了产品的某些重要信息。"拉菲"起源于波亚克的一片小山丘上，而这一片水土为生产葡萄提供了优良的地理环境，酿造出优质的葡萄酒，虽然面积小，但品质不"菲"。此外，"拉菲"的命名体现了个性鲜明的特点。采用发源地的读音作为品牌名称，一方面，可以突出其悠久的历史文化背景；另一方面，能够呈现其内敛而沉稳的贵族形象。这样的巧妙构思，不仅符合葡萄酒口感柔顺中带有大气的品质特点，而且迎合了目标市场中消费者追求高雅品位的心理。

在品牌质量策略方面，质量是品牌的灵魂，是企业立命之本。同时，质量和品牌紧密相连、互不可分。力图创立知名品牌，就必须树立并强化质量意识，而品牌质量归根到底取决于产品质量。拉菲庄园的葡萄酒采用传统的波尔多酿酒法，迄今为止，拉菲葡萄酒仍采用木造酒糟酿造。通常情况下，经过一个星期的发酵和两个星期的泡皮，随后将半成品葡萄酒放入橡木桶，在地下酒窖陈酿一年半至两年。"拉菲"也使用现代化科技手段对其葡萄酒进行精细化生产加工，通过环形的中央温控系统自动调节发酵温度，精确控制葡萄酒的单宁变化。同时，经过酿酒师的细心品尝，找到葡萄酒在口味上的平衡点并进行细微调整，使产品富有更完美的口味。"拉菲"使用的橡木桶全部是手工制作，对木桶材质的挑选、桶板的制作与最后精确的装配都有严格的规定，以保证葡萄酒的特殊味道。此外，法国葡萄酒品牌特别重视原产地标识，所标明的原产地范围越小酒质就越好。在法国，葡萄酒按照品质优劣分为三个等级：佐餐葡萄酒、地区性葡萄酒和原产地命名控制（AOC）葡萄酒。其中，AOC等级是最高标准，它不仅能确保酒的质量，而且能保护该葡萄酒的名誉权。AOC评级严格规定葡萄酒生产的各个领域，而且每年都有相关机构对葡萄酒产品进行抽样检查，检查合格者颁发AOC使用证明。因此，拥有 AOC 认证的葡萄酒是法国最优等的葡萄酒。而拉菲葡萄酒一直保持 AOC 等级的荣誉，追求日臻完美的质量和品质。

在品牌推广策略方面，葡萄酒是一种易饮消费品，"拉菲"通过现场品尝的方式达到植入广告的功效。"拉菲"采取跨界营销的手段来实现品牌推广，如通过赞助高尔夫赛事、顶级商务楼盘开幕式或奢华汽车销售会等一系列活动，快速提升了"拉菲"的知名度和消费者的关注度。此外，"拉菲"还采用体验营销扩大品牌的知名度。体验营销是一种通过眼观、耳听、使用、参与互动等手段，充分刺激和调动消费者的感官、情感、思考、行动等感性和理性因素，重新定义、设计的新型营销方法。拉菲酒庄每年对外开放其葡萄园和部分地下酒窖供游客参观，并定期举行主题采摘葡萄大赛和品酒会，以葡萄酒文化为主题，树立集体验、娱乐、休闲于一体的消费理念。一方面，拉近了消费者与葡萄酒产品及其生产过程的距离；另一方面，通过体验营销，无形中对打造品牌形象起到了很好的推广效果。这种方式不仅拓宽了葡萄酒的销售渠道，而且为葡萄酒文化的传播和葡萄酒的精准营销探索出新的模式。

（三）美国农文旅品牌的营销

爱达荷州的主要产业是农业、食品加工业、林业、高科技产业、观光业和采矿业，其中农产品加工、伐木和采矿为该州传统三大经济支柱。斯内克河流域水源丰富，渠道纵横，是全国最大的灌溉区之一。爱达荷州盛产土豆，其土豆品质极佳，产量也为全美之冠，有"土豆州"之称。爱达荷土豆在全美乃至全世界食品行业都享有很高的声誉。根据爱达荷大学 2006 年的统计数据，爱达荷州的土豆年产量为 138 亿磅，占美国秋季土豆产量的 30%，每年为该州贡献 25 亿美元的产值，相当于 15% 的生产总值。在消费者偏好和品牌认知方面，爱达荷土豆也获得了很高的消费者认同，其得分远远高于其他州的土豆。2000 年美国非农就业（NFP）数据显示，在"品牌价值评估"中，爱达荷土豆在 44 个食品类别中跻身前八。2003 年，爱达荷土豆成为美国第四大种植产品。84%的美国消费者会选择爱达荷土豆。

从"土头土脑"的土豆到成为美国百年品牌，成为消费者喜爱的世界级顶尖品牌，爱达荷土豆协会功不可没。爱达荷土豆协会（爱达荷土豆委员会）是一个州立组织，其前身是1937年的爱达荷水果和蔬菜广告协会，成立的初衷是为了促使全国范围内的消费者对包括爱达荷土豆、洋葱、苹果在内的蔬菜和水果的喜爱。爱达荷土豆协会的成员包括该州的种植者、包装公司、船运公司和加工公司等，最初时成员有9个相关组织。在土豆协会成立之前，爱达荷州的土豆由各个农场主分散经营。分散经营逐渐暴露出竞争劣势，为了有序竞争和整合区域土豆种植资源，土豆协会因此成立。该协会的成立让原本分散经营的土豆经营主体有了统一的组织。土豆协会每年按每100磅土豆10美分的标准向协会成员收取推广费，并将该经费用于联合宣传、联合营销、联合研究，严格质量标准，使爱达荷土豆资源产生聚合效应，使每个成员都获益。土豆协会的任务是营销爱达荷土豆，主要职责是确保每一个爱达荷土豆都是高质量的，为产品的相关研究提供资源并开发土豆的新用途，改善爱达荷州农作物种植环境，宣传爱达荷土豆始终如一的美味、质量和健康的营养成分，并确保只有在爱达荷种植的土豆才可以印上"Grown in Idaho"（种植在爱达荷）联邦认证标志。今天，爱达荷土豆协会扮演着现代角色——促销爱达荷土豆和研究提高土豆生产率的方法。爱达荷土豆协会将研究和发展的资金支持提高到12%，集中研究一些关键问题，如改善生产实践和种植条件、开发利用爱达荷土豆的新方法等，使爱达荷土豆保持美国土豆的权威。

爱达荷土豆品牌基于爱达荷州的区域资源，是整合区域资源而形成的区域公用品牌。区域公用品牌是特定区域内相关机构、企业、农户等所共有的品牌，为了避免"公用地灾难"，必须建立相关机构或组织，促使各相关机构或组织与个人自觉自愿地对该区域公用品牌承担起责任。爱达荷土豆协会对土豆品牌Idaho®的品牌化和营销案例是美国农产品品牌营销的典范，其具体的品牌化方式主要有以下几种。

1. 地理标志与商标的注册、保护

爱达荷土豆协会于 20 世纪 50 年代末注册了认证商标 Idaho®，注册商标主要用于土豆营销的各个环节，也被广泛应用于非土豆产品，如帽子、服装、宣传手册等。爱达荷土豆协会对其商标的控制与规范投入了巨大的精力，在全国范围内积极保护认证标志，通过各种各样的测试和措施来确定包装在某盒子或袋子中的土豆是真正的爱达荷土豆。其品牌保护的措施不仅通过线下活动进行，而且借助官方网站实施。在爱达荷土豆协会的官方网站上，有专门的认证链接窗口，如果要下载使用专门的注册或认证商标，必须有土豆协会的授权。在土豆认证条例中，土豆协会还对中间环节主体在使用标识和包装方面做出了严格规定：对于代理商，可以采购爱达荷土豆用于再销售，拥有土豆所有权，但不能使用其他标识，也不能对土豆进行再包装，可以直接向消费者出售；对于包装容器生产商，可以提供带有爱达荷土豆标识的外包装、商品粘贴标识、托盘等以供存储或销售；对于经销商，可以采购爱达荷土豆用于销售或用于个人产品中，但不能对土豆进行重新包装，也不能直接向消费者售卖新鲜土豆；对于食品零售商，可以购买爱达荷土豆用于食品加工并直接出售给消费者，但不能使用其他标识，也不能对土豆进行再包装；对于本州内包装运输方，可以是本州的种植者或包装企业，可以在个人标识下运输土豆，但不能直接出售给消费者；对于州外的再包装商，可以向本州种植者采购土豆，既可以在自己或其他授权的标识下进行再包装与销售，也可以在不进行再包装的前提下直接采购包装好的土豆进行销售；对于本州加工商，可以购买本州产的土豆并加工成非新鲜土豆产品，也可以在其他公司产品标识的名义下以零售形式出售给消费者；对于零售者，可以从经销商处或零售店购买爱达荷土豆并向个体消费者出售，但不允许重新包装或更改产品标识。除了日常的商标使用，土豆协会还对广告和各种促销活动中使用的商标制定了统一标准，这些商标若没有经过爱达荷土豆协会的书面同意不能做任何形式的改动。除了在包装上使用统一的认证商标之外，土豆协会还在菜单上下功夫。当地的餐馆和非商业组织将爱达荷土豆作为其菜单的主打产品。爱达荷土豆协会将很大一部分资源用于向食品服务部门宣传购买和使用爱达荷土豆的好处，以及获得"Grown in Idaho"联邦认证标志的途径。如果任何服务部门使用的是100%的爱达荷土豆，那么就让其顾客知道该部门使用的是高质量土豆。为鼓励餐馆使用爱达荷土豆，土豆协会鼓励把统一印有"很荣幸为你提供土豆第一品牌"（Proud to Serve the First Name in Potato）的文字和爱达荷认证商标的标志添加到餐馆的菜单上，彩色和黑白版本的标志在爱达荷土豆的官方网站上均可以下载。如果将拷贝的菜单样本送到土豆协会的食品服务部，餐馆还将得到免费礼物。

2. 活动营销——加强品牌与受众间的互动

活动营销是爱达荷土豆推广的重头戏。每年，爱达荷土豆协会都会在不同的月份举办各种类型的活动，吸引零售商和消费者参与，以达到品牌和受众互动的良好效果。

（1）土豆爱好者月

每年的2月是爱达荷州的土豆爱好者月。活动期间，土豆协会举办"土豆爱好者月零售展示竞赛"（见图2-6）。这个展示竞赛的目的是鼓励零售商（也向独立的个人开放）通过富于想象力和创造性的土豆展示促进销售。每年的2月，一般是土豆销售的淡季。好的土豆展示能够吸引消费者的注意力进而促进销售，因此该活动受到了零售商的青睐。

（2）爱达荷土豆日

爱达荷土豆日在每年的9~10月举行。该活动始于1927年，是世界上现存的持续时间最长的土豆丰收节。该活动在爱达荷州的Shelley市公园举行，是美国100个重要节日之一（见图2-7）。节日中有几十个有趣的以土豆为主题的活动和竞赛，包括土豆日游行、烹饪大赛、挖土豆世界冠军赛等。由于该活动以家庭为主导，因而非常受欢迎。

图 2-6 土豆爱好者月零售展示竞赛

资料来源：吾谷：《美国爱达荷州土豆怎样叫响名号》，《农产品市场周刊》2013 年第 30 期，第 49~53 页。

图 2-7 爱达荷土豆日

资料来源：吾谷：《美国爱达荷州土豆怎样叫响名号》，《农产品市场周刊》2013 年第 30 期，第 49~53 页。

（3）爱达荷土豆食谱竞赛

该活动由爱达荷土豆协会发起，通过网络收集消费者提供的可口和改良的食谱。土豆协会将基于味道、来源、视觉呈现和"消费者友好性"等来选择优秀的食谱，并设置了很多消费者分享渠道。除了每年进行的常规活动外，土豆协会还根据市场情况开展丰富多彩的活动，以达到更有针对性的目的。这些丰富多彩的活动在产品、品牌特质与消费者欲望之间建立起有效连接，帮助企业树立良好的品牌形象，并最终促成产品销售。

3. 广告沟通与危机公关

（1）广告沟通

广告是爱达荷土豆品牌管控与传播的重要方面。土豆协会每年通过全国性的电视媒体和其他的印刷媒体向消费者发布广告。这些广告贯穿于协会的各类活动过程中，针对不同的目标市场会采取不同的广告沟通策略。爱达荷土豆的广告主要面向三类组织或人群：零售贸易活动印刷广告针对零售商，食品服务贸易活动印刷广告针对食品服务部门，电视商业广告针对消费者。为了向消费者宣传相关知识，协会还让小学生做填色本，并发放食谱、书籍和小册子等。

（2）危机公关

任何品牌的发展都不是一帆风顺的。有的品牌在危机中消极应付，甚至无视危机的存在，其结果是数十年、数百年精心打造的品牌付之一炬。有的品牌却能够在危机来临时积极应对、变通处理，不仅抵御了危机的侵袭，而且进一步巩固了品牌的实力。爱达荷土豆在其品牌发展过程中对几次危机的成功处理就是很好的佐证。

① "减肥热"危机的困境突围

20世纪70年代，美国开始流行"减肥热"（见图2-8）。传统认知中土豆是高热量的食品，会加速人们的肥胖。因此，减肥热潮一来，一下子冲垮了爱达荷土豆的销售市场，土豆被打入"冷宫"，导致大量的产品积压、滞销。土豆种植业发展岌岌可危，食品加工业也举步维艰，土豆的未来前景一片渺茫。土豆协会为了弄清滞销原因，做了大量的市场调查。最后终于查明，导致土豆滞销的原因有两个：一是人们大多认为土豆是使人发胖的"罪魁祸首"；二是土豆是大众食品，只能是家庭餐桌上的"常客"，星级饭店不容许它"亮相"。为了应对突然而来的危机，土豆协会采取了三个步骤。首先，大力宣传土豆的高营养价值，向人们说明真相，提出"土豆导致肥胖"是错误的概念。土豆中含有丰富的维生素C、蛋白质、矿物质钾等，常食土豆是非常有益于身体健康的。同时，邀请权威人士（医生、营养学家、教授等）向受众介绍有关马铃薯的知识。经过土豆协会和媒体的强强联手，终于使人们对土豆的看法有了改观。其次，向大众推荐食谱。既然消费者回心转意"重返"土豆市场，那么接下来就应该为他们设计健康美味的食谱以进一步推广土豆。丰富合理的食谱不仅让消费者的餐桌更加丰盛，而且进一步促进了土豆的销售。最后，寻找战略合作伙伴。为了打入星级酒店，爱达荷土豆寻找到了自己的战略合作伙伴——Marriott饭店集团，该集团为其设计了精美的菜单，并精心配置了土豆盘菜套餐。经过努力，土豆协会又把土豆盘菜套餐推广到了Marriott饭店集团所属的37家连锁店。爱达荷土豆终于完成了从"大众平民"向"贵族"转变的目标。

图2-8 美国"减肥热"宣传海报

资料来源：吾谷：《美国爱达荷州土豆怎样叫响名号》，《农产品市场周刊》2013年第30期，第49~53页。

三个营销策略一环套一环，终于为爱达荷土豆重新打开了市场，从这场减肥危机中获得了解放，并通过危机，让消费者更清楚地认知了土豆的营养价值。随后，爱达荷土豆的健康主题宣传一直持续至今。土豆协会还聘请美国著名的健康明星 Denise Austin 作为品牌代言人，这在农产品行业是开创性传播策略。2004 年，爱达荷土豆协会宣布进入土豆营销新时代，创造了一个旨在促销世界最著名土豆的全面营销计划——一个致力于教育美国公众认知关于复合碳水化合物的重要性及其在肌肉健康方面的关键角色的活动。土豆协会同 Denise Austin 展开全方位的合作，从广告到促销活动，全面宣传复合碳水化合物在健康生活中的重要作用以及爱达荷土豆富含的重要矿物质和营养成分。活动通过包括网络渠道在内的公关和广告等手段进行全面推广。

② "土豆大丰收"的危机

2001 年，爱达荷土豆获得了大丰收。但是，当地农民并没有为这次大丰收而庆贺。因为大丰收不但没有给农民带来收益，反而给他们平添了许多烦恼。由于土豆市场供过于求，市场上土豆价格一跌再跌，已经降到了 1 美分/磅，大大低于当地农民的种植成本，如果这样持续下跌，农民真有可能面临血本无归的境况。在这种形势下，爱达荷州的农民决定向美国的一个食品慈善组织捐献大批土豆，他们认为捐献既可以做善事，也能减少土豆的市场供应量，有助于土豆价格的回升。他们共同商议并为一家名为"再次收获"的慈善组织捐赠了 1500 万磅质量上乘的土豆。"再次收获"是一家全国性的专门进行食品援助的慈善机构。该组织在美国各地有 200 多家分支机构，已经形成了一个覆盖全国的食品储备、调配和分发网络。1999~2000 年，该组织共调配并分发了 3600 万磅新鲜食品，用以救济无家可归者和其他贫困人群。因此，这是一个在美国颇有影响力的慈善机构。一位名叫达拉·霍夫的农民说："这么多的土豆真让我们头疼，现在我们把它们捐给慈善组织当然是件好事。这样做，虽然不会给我们带来任何直接的经济收益，或者说是我们不得已而为之，但这毕竟是在救助穷人，而且我们在这样做的同时还能调节市场上的土豆数量，希望有助于土豆价格的回升。总之，我们将土豆捐给慈善机构，总比让这些土豆白白烂在地里强。"这样的举措相当于把本来亏本的生意变成了一种宣传自己的公关渠道。利用这次社会公益活动的契机，爱达荷土豆完善了自己的品牌形象，摆脱了土豆价格下跌带来的影响，可谓一举两得。

第三节 关于视觉形象设计在农文旅品牌创建中重要作用的研究

视觉形象设计是艺术设计中视觉识别系统的核心，是代表和体现所有设计的象征符号，是一种形象、特征、信誉、文化的综合与浓缩，是社会大众心目中对所表达形象认知的代表物。艺术设计的目的在于利用外形、光线、颜色给观众带来强烈的视觉冲击和深刻的视觉印象。视觉形象识别的特征在于展示某种明晰的视觉认知结构，并通过这种结构诠释企业的特质，是借以传达设计理念、设计精神的重要载体，传达了带有某种意指内容的典型视觉形象。视觉形象利用文字、色彩、图像等多个元素构成具有冲击力的作品，丰富了人们的精神生活、情感和艺术观念，影响着人们生活的方方面面。总之，视觉形象通过各种独特的形象来传达特定的艺术信息。因此，现代艺术设计的评价标准是：易解、震撼、美感、适用。

农文旅品牌的建设是个长期、复杂的过程，涉及众多方面的建设，而视觉形象设计是其中重要的一个环节。品牌的视觉形象设计作为产品形象的有效传达方式，是具体某类产品理念可视化的表现形式与符号，它与大众接触十分频繁。可以说，品牌的视觉形象是宣传功效最为显著的传播模式，它不仅能通过与消费者的交流实现增值，而且是经营者构建长期品牌差异化优势的战略手段。随着经济全球化的发展，我国各大企业为增强竞争力也纷纷掀起了一股品牌视觉形象构建的热潮。然而，由于品牌意识的淡薄和设计理论的匮乏，许多企业在品牌视觉形象设计过程中或多或少会走向误区。最为典型的便是"意"及"象"的缺失。所谓"意"的缺失，是指片面地强调品牌视觉形象设计的形式感而忽视其背后意蕴所带给消费者的共性化感受；"象"的缺失则是指过度追求信息传播效率而牺牲了审美情趣所带给消费者的艺术感染力。这导致市场上充斥着更多形式雷同、定位模糊、寓意肤浅的"快餐式"品牌视觉形象，使得我国的品牌难以在竞争激烈的市场中脱颖而出。

依云（Evian）是法国达能（Danone）旗下拥有 200 多年历史的矿泉水品牌，是世界上最昂贵的矿泉水之一。早在 1789 年，雷瑟侯爵无意中在法国依云小镇发现当地清纯甘冽的天然矿泉水可以治疗他的肾结石，于是便开始了依云矿泉水的生产。依云矿泉水从此被公认为健康之水，其卓越的理疗功效于 1878 年得到法国医药研究会的认可。每滴依云矿泉水始于汇聚在壮观的阿尔卑斯山头的雨或雪，这些雨或雪要经历 15 年的时间以每小时 1.5 厘米的速度缓慢渗透于位于深山的巨大自然含水层，经过天然过滤和冰川砂层的矿化而形成，采撷了雪山深处千年的精华。为了保证依云矿泉水纯正的天然品质，其灌装地就是它的水源地，整个灌装过程没有任何形式的处理和加工，完全是自动化流程，一天进行 300 次取样化验，以确保每一瓶矿泉水的水质都一样纯净。依云矿泉水在碰到消费者的嘴唇之前绝对没有任何人接触过，甚至法国的法律也明文规定，依云矿泉水的灌装和包装必须在水源地进行，以防止人为因素对产品品质的破坏。传奇的身世、优良的水质，再加上苛刻的灌装过程，以 2.3 欧元或 25 元人民币 2 升的售价出现在全世界 44 个重点城市，无一不昭示着依云矿泉水作为世界灌装水贵族的地位。

毋庸置疑，依云矿泉水的成功离不开它与生俱来的产品品质优势和严格控制的灌装过程，但这并不等于说不需要对其进行经营和管理，只依靠产品本身的品质就能够在竞争激烈的灌装水市场获得成功。事实上依云发展为今天的世界级品牌，与其经营者的各种努力是分不开的。"好酒不怕巷子深"的时代早已成为历史，更何况是依云这种需要立足国际市场的品牌。依云矿泉水的贵族定位奠定了其成功营销的基础,而"品牌定位是被积极传播形成的",依云也不例外,它通过各种渠道向目标消费群传播品牌信息,不断丰富这一贵族品牌的形象。

一 广告效应,创意至上

无论是什么档次的产品,在这个信息爆炸的时代,适当的广告宣传是必不可少的。诚然,品牌定位决定了广告传播的对象只是数量不算多的一部分目标消费群,但广告这种特殊的大众传播形式在某种程度上保证了品牌应有的知名度。依云矿泉水的广告投放是很注重策略的,它只是有目标地在重点城市的重点媒体进行有针对性的投放。在中国几乎见不到依云投放广告,但中国的品牌消费者显然都注意到了依云低调而高价的存在。依云的广告创作形式也巧妙而多样,它的一则电视广告邀请小朋友老歌新唱"We will Rock You"这首广受欢迎的摇滚歌曲,并将其作为30秒电视广告的主题曲来宣传品牌。同时,依云还制作了2分钟的无品牌标识CD及MTV,进行歌曲销售及品牌宣传。这首广告歌曲推出后半年,依云矿泉水的销量提升了30%~40%,单曲CD也销售了120万张。在平面广告的创作方面,早期依云强调其特殊品质带来的保健效果,但随着商品同质化与消费者个性化需求之间的矛盾不断深化,广告创意中的理性诉求已不再适用,感性诉求日益起到决定性作用。

依云矿泉水广告顺应消费者心理,开始转向以感性诉求为主的策略,于是我们看到的依云矿泉水平面广告(如美人鱼篇、冰宫篇、天使篇等),从表现形式到内容都纯净唯美,犹如一件件艺术品,完全没有商业的浮躁和喧嚣,没有具体的产品功能性诉求,没有烦琐的文案,甚至没有明确的主题,整个画面留给消费者的印象,就是一种安静醇美的怡然自得和不容玷污的纯净(见图2-9)。依云矿泉水广告从内容到形式都于不经意间流露出淡淡的贵族气息，有效地传递了产品的贵族气质。

图 2-9　依云矿泉水平面广告

资料来源：刘霞：《法国依云小镇对我国特色小镇发展的启示》，《当代旅游》2019 年第 7 期。

二　口碑传播，彰显尊贵

口碑传播是人际传播的一种重要方式，也是营销中运用较多的一种人际传播方式。它在形成品牌美誉度方面具有重要的作用，是品牌传播手段中最容易被消费者接受的。相关研究显示，消费者对其他使用者所介绍的品牌品质等方面信息的信任程度是广告宣传的 18 倍。著名品牌无不擅长通过口碑传播来赢得消费者的信赖，而在经济社会地位较高的人群中进行的口碑传播，更能彰显品牌的尊贵。当然，优秀的品质和服务是口碑传播取得良好效果的前提。

依云矿泉水不仅有口碑传播的品质基础，而且有传奇的品牌故事为口碑传播提供良好素材。1789 年夏季，法国正处于大革命的惊涛骇浪时期，一个名叫雷瑟的法国贵族患上了肾结石。有一天，当他散步到附近的依云小镇时，他取了一些源自 Cachat 绅士花园的矿泉水，饮用一段时间后，他惊奇地发现自己的病竟奇迹般痊愈了。这件奇闻迅速传开，专家们就此专门做了分析并且证明了依云矿泉水的疗效。此后，人们纷纷涌入依云小镇，亲自体验依云矿泉水的神奇，医生们则将它列入药方。拿破仑三世及皇后也对依云小镇的矿泉水情有独钟，1864年正式赐名为"依云镇"（Evian一词来源于拉丁文，其本意就是水）。依云泉边一时间衣香鬓影，名流云集，此时依云矿泉水被打上了贵族的烙印。后来的经营者聪明地利用了这些轶事，依云矿泉水销售到哪里，经营者就将依云的传奇故事传播到哪里，通过其目标消费群的炫耀心理口口相传，使依云的故事越发神秘，更显高贵难得，并使人们对依云矿泉水的保健功效深信不疑。

三 独特包装，高人一等

当然，高档品牌的塑造不是简单地通过大众媒体或者人际传播就可以解决的，重要的是要让消费者无论何时都能对品牌产生良好体验。产品本身的很多识别和功能因素都会在消费者接触或使用产品时产生传递品牌信息的效果。只有充分重视消费者与产品亲密接触时的情感体验，才能使品牌的传播达到事半功倍的良好效果。依云矿泉水的成功离不开它对消费者产品体验的重视。对于一瓶矿泉水，消费者最先接触到的，就是它的包装。依云不断深入调查，了解消费者需求，开发新的产品包装。最初的水滴形包装，是外包装与内容物的完美结合，整瓶依云矿泉水就像刚取自阿尔卑斯山的一滴山泉水一样纯净，与其他瓶装水平庸的包装设计相比，显得分外与众不同。后来依云根据调查了解到，当时瓶装水的包装设计大多只考虑运输和成本因素，很少为消费者考虑，于是立即进行了包装革新。依云第二代螺旋挂钩包装设计充分考虑消费者需求，其挂钩式瓶盖设计可挂于腰带、手袋或衣服上，便于消费者随身携带，独特的防漏瓶嘴可单手轻易开合，让人们可以边走边喝水。该包装的各组成部分都强化了品牌的与众不同及其与品牌联想的完整一致性，形成独具特色的品牌识别。它在给消费者带来使用便利的同时还提供了追求时尚的享受。依云人性化的设计使产品与消费者之间得到了更好的互动和交流，消费者在满足使用功能的同时，对产品产生了认同和情感的共鸣。直接与消费者亲密接触的包装，在终端成为依云品牌信息传播的良好载体。消费者在进行品牌体验的同时，也在情感上对品牌产生了好感和信任。

另外，依云还不定期发售限量珍藏的包装设计，让依云像其他奢侈品一样被人们收藏。例如，2005年11月开始发售的"依云之源"（Origine）珍藏纪念瓶，以3D立体造型来诠释其独特的设计理念（见图2-10）。这款包装，专门选用纯净的特白玻璃，以其极为清澈澄明的色泽，来凸显依云矿泉水天然、纯净和平衡的特质；同时以独特的冰山造型，让人联想到屹立8000多年、孕育着依云矿泉水的阿尔卑斯山，整个瓶身晶莹剔透、熠熠生辉，如依云矿泉水源头Evian-Les-Bains的雪域之巅。依云独特的包装设计成为依云矿泉水向消费者诠释其贵族地位的绝佳渠道，使消费者在饮用依云矿泉水时切切实实地体会到了依云矿泉水高人一等的贵族气质。

图2-10 "依云之源"珍藏纪念瓶

资料来源：刘霞：《法国依云小镇对我国特色小镇发展的启示》，《当代旅游》2019年第7期。

依云小镇在温泉疗养的基础上，也提高了居民的生活质量。小镇内有园艺中心、温泉疗养院、具有百年历史的"皇家酒店"、高尔夫球场、卢米埃尔广场等，就连市政建设都带有明显的温泉地标特性。此外，依云小镇的气候适宜花草生长，鲜花众多。为此，依云小镇专门设置了一个集鲜花培养、种植、观赏于一体的温室，整个城市都可用，给当地居民带来了悠闲生活乐趣。将宁静、健康的理念与人们的生活相融合，与小镇建设相结合，人们可以用鲜花来布置自己的住所和点缀小镇，不仅让小镇变得更加温馨，更重要的是在参与的过程中，增强了居民对小镇文化的认同感、归属感，一起用心地伴随小镇成长（刘霞，2019）。

第三章
我国农文旅品牌发展现状及存在的问题

第一节 我国农文旅品牌发展现状

一 逆城镇化推动农文旅产业发展

2018年两会期间，习近平总书记在参加广东代表团审议时强调，一方面，要继续推动城镇化建设；另一方面，乡村振兴也需要有生力军。要让精英人才到乡村的舞台上大施拳脚，让农民企业家在农村壮大发展。城镇化、逆城镇化两个方面都要致力推动。城镇化进程中农村也不能衰落，要相得益彰、相辅相成。这是习近平总书记第一次在公开场合提到逆城镇化问题，对于我们正确理解我国城镇化发展的新趋势，以及推动城镇化建设和乡村振兴两个方面都有重要和深远的意义。[①]

城镇化主要是指农村人口向城镇迁移，或将农村改造为城镇，从而实现农村人口变为城镇人口的过程。我国是一个以农耕文明为背景的国家，在城镇化发展过程中，反而特别需要强调逆城镇化，包括人口的就业、居住、消费、投资从城市向郊区和农村地区扩展。换言之，逆城镇化是一种城镇化的"反向运动"。如果说城镇化是一种以政府行为为主导的、人为设计的、标准化的"运动"的话，那

[①] 《习近平：发展是第一要务，人才是第一资源，创新是第一动力》，中央人民政府网站，2018年3月7日。

么逆城镇化则并非由政府主导，而是在现实语境中一种社会化自我调整的经济和人口的双向流动，尤其是文化交融的活动，即一种自然的互动方式。如果将传统的农耕文明视为一种文化遗产，则它符合联合国教科文组织（UNESCO）的"文化景观"类型。作为一种特殊的遗产，文化景观具有自己的"生命体征"——一个特殊的生命过程，即累叠现象，它类似于地层结构。随着历史的演化和积累，文化景观也会不断"累叠"。这里的乡土文化景观有几个基本的指征：①它是历史积淀的文化遗产。在历史的演化过程中，有些传统的景观元素消失并衰亡了，一些新的景观元素加入进来，叠加在传统的乡土之上；②对于乡土遗产而言，任何历史的演化都要尊重特定土地上的人民的意愿和权利；③农耕文明的一种重要特征，就是农民会根据社会和时代变迁做出相应的务实选择（彭兆荣，2019）。

近年来，我国城镇化快速推进。《2019年国民经济和社会发展统计公报》数据显示，进入21世纪以来，中国城镇化率平均每年以1个多百分点的速度增长。到2020年末，我国常住人口城镇化率已超过60%，户籍人口城镇化率为45%，城镇常住人口为84843万人，比2019年末增加1706万人；乡村常住人口为55162万人，比2019年末减少1239万人；城镇人口占总人口的比重（城镇化率）为60.60%，比2019年末提高1.02个百分点。这一进程正是依照我国制定的城镇化指标逐步推进的。按照这样的速度，到2030年，我国城镇化率将达到70%，城镇人口可接近9.8亿人。这是人类历史上空前的、以政府行政手段调控的、目标明确的、最大规模的人群向城市涌入的"运动"。

逆城镇化是城市化发展的一个新阶段。它表现为人口和各类要素在向大城市地区及其中心城区流动的同时，出现了人口和各种要素由中心城市或城市中心向外围的流动，也就是在工业化阶段农业劳动力向非农产业大量转移的历史运动基本结束后，进入工业化后期，大量出现的一部分发展要素在中心城市或城市中心以外集聚的现象。发生这种集聚的地点，既可能在外围的市镇，也可能在广大农村地域。张强等（2020）研究发现，引发欧美发达国家先行出现逆城镇化的因素可以归纳为四个方面。一是经济结构的变化引起生产布局区位因素的变化。由于以技术密集为标志的新兴工业迅速发展，工业发展对生产区位的要求与过去工业化时期的传统工业部门不一样，开始向中心城市以外扩散，生产布局的变化引起人口分布的变化。二是经济活动的集聚与分散规律的作用。城市的过度集中使大城市城区人口过于密集，就业困难，环境恶化，地价、房租昂贵，生活质量下降。三是生活水平和阶层结构的变化。面对"城市病"的困扰，发达国家的富人和中产阶级率先主动选择向城市郊区或周边中小城市搬迁，寻求干净、宽敞和安逸的居住生活环境。四是政府区域政策的驱动。为全面开发国土资源，克服区域发展不平衡问题，政府采取一系列限制大城市发展、鼓励落后和边缘地区发展的政策措施，促使生产力和人口分散分布。此外，高速公路网络的构建、家用汽车的普及以及城乡公共服务的均衡化发展等都成为逆城镇化快速推进的条件。

我国大城市地区首先出现的逆城镇化现象与欧美国家的情况不完全相同。我国自21世纪初实施统筹城乡经济社会发展方针之时，已经开启了支持中心城市以外的广大农村地区发展的政策导向，并且历经20年从统筹城乡发展到城乡一体化发展，再到城乡融合发展的体制机制创新，在我国人口城镇化水平达到50%~60%的发展阶段，大城市地区已经明显呈现逆城镇化的趋势。在农村公共服务制度不断完善、基础设施建设水平不断提高、宜居性不断改善的条件下，逆城镇化必然促进城乡要素流动，同时伴随农村居住人口职业结构的变化，从而促使乡村功能演变。

以北京市为例，《北京统计年鉴》数据显示，改革开放之初，城镇人口占全市常住人口的比重为55%。改革开放以来，市域人口和城区面积处于不断增长状态。与1978年相比，2018年全市总人口从871.5万人增加到2154.2万人，城镇人口从479万人增加到1863.4万人。进入21世纪以后，外来人口的大量进入带动建成区面积不断扩大。1978~2015年，建成区面积从232平方公里增加到1401平方公里。伴随人口增加、中心城房价上涨，以及公交、轨道交通等的便捷化和汽车进入家庭，大量在中心城居住的上班族也逐渐外移至四环、五环甚至六环附近，通勤距离明显延长。对第三次全国农业普查数据分析发现，2016年，郊区农村非京籍人口已超过1/3，农业户籍人口比重大幅下降。发展区已经逐步替代拓展区成为外来人口增长最快的区域，昌平、通州和大兴外来人口规模较2006年实现翻倍，其中昌平外来人口达到10年前的近2.5倍。

  逆城镇化的人口流动改变了农村地区居住人口的职业结构，促使乡村功能发生变化。对2006年和2016年两次农业普查数据进行比较分析可以得出三点判断。第一，村庄规模扩大，居住在行政村内的常住人口增长25.71%，3000人以上的村庄占53%。第二，村庄人口结构呈多样化。一方面，出现外来人口与原住人口之间"倒挂"现象的村庄比例提高，外来人口比例超过50%的村庄数量占村庄总数的17.7%，外来人口比例为5%~25%的村庄数量占村庄总数的34.1%。大量外来人口居住生活在农村地区，成为一些村庄人口的重要组成部分，这些村庄人口的户籍结构发生了趋于非本地化的变化。另一方面，在本地户籍人口中有近半数已经不是农业户籍，2016年北京市农业户籍人口有230.9万人，其中仍在本乡镇范围内居住的有201.9万人。第三，乡村就业结构变化显著，三次产业就业结构从1996年的39∶31∶30和2006年的20.7∶27.8∶51.5演变为2016年的12.53∶22.21∶65.26，第三产业就业比例接近2/3。第一产业从业人员占比为0和第一产业从业人员占比在25%以下的村庄数量合计占全部村庄总数的54.3%，这些村庄人口的职业结构发生了趋于非农化的变化。农村已经形成了"原住的农业工作者+原住的非农业工作者+非原住的工作者"等多种职业人口共同居住的情形，农村也从以农业生产者和农业工作者居住为主的功能逐步转向由"农业+生态+非农业"构成的多样化产业与功能。

  乡村功能的演变，既是重新确认并调整农村产业政策、重新配置资源的现实依据，也是进一步形成城乡融合发展机制的客观基础。一方面，产业结构、人口结构发生趋于高度非农化变化的村庄，仍然延续着封闭性较强的农村治理方式。原本只为村民提供村级公共服务和集体福利的村集体经济组织，超负荷地承担了大量外来人口的公共服务压力，原先以农村集体组织成员为基础的封闭性制度安排，无法解决将外来人口有序融入的社会治理难题。传统的乡村治理在熟人社会、乡土社会基础上构成的治理原则和治理体系，已不能适应外来人口比重超过本土户籍人口比重的现实。产业结构和人口结构的变化给乡村社会治理带来了巨大挑战。而中央提出的"挖掘乡村多种功能"和"构建农村一二三产业融合发展体系"等推进城乡融合发展的政策导向，可通过推进农村集体经济和社会治理方面的改革，促进乡村地区各类居民点以不同方式适应逆城镇化趋势下人口规模与结构改变的需要。另一方面，逆城镇化必然催生的乡村功能演变，实质上是在农村集体土地上和行政建制下出现了各种"城市型要素"，包括城市型的人口、产业、功能与运行方式。这些"城市型要素"无论是由外部进入而生（农民工返乡创业、非原住的城市人口和企业进入），还是由农村内部转化而成（原住村民从农业就业转为非农就业），都使人们从景观形态、产业结构、生活方式等多个方面看到了"集体土地长出的城市"，看到了带着资产融入城市的农民。

应该说，城市要素与农村资源内在、有机的结合，能够从根本上促进城乡融合发展。因此，乡村功能演变与城乡融合能够相互促进，形成良性发展，而逆城镇化的出现为我国农文旅产业融合提供了巨大的发展空间，从而形成农文旅品牌创建的沃土（张强等，2020）。

二 国家对农文旅产业发展的政策支持[①]

推动公共文化服务高质量发展，是进一步深化文化体制改革，

[①] 本部分内容引自《文化和旅游部 国家发展改革委 财政部关于推动公共文化服务高质量发展的意见》（文旅公共发〔2021〕21号）。

发展社会主义先进文化的重要任务，也是让人民享有更加充实、更为丰富、更高质量的精神文化生活，保障人民群众基本文化权益，满足对美好生活新期待的必然要求。为在新的形势下更好推动公共文化服务实现高质量发展，现提出以下意见。

（一）总体要求

1. 指导思想

以习近平新时代中国特色社会主义思想为指导，深入贯彻落实党的十九大和十九届二中、三中、四中、五中全会精神，坚持统筹推进"五位一体"总体布局、协调推进"四个全面"战略布局，把握时代发展新趋势，全面贯彻新发展理念，以人民为中心，以社会主义核心价值观为引领，以高质量发展为主题，以深化公共文化服务供给侧结构性改革为主线，完善制度建设，强化创新驱动，努力推动文化治理体系和治理能力现代化，为人民群众提供更高质量、更有效率、更加公平、更可持续的公共文化服务，使城乡居民更好参与文化活动，培育文艺技能，享受文化生活，激发文化热情，增强精神力量，提高社会文明程度，为建设社会主义文化强国奠定基础。

2. 主要原则

坚持正确导向，推动品质发展。牢牢把握社会主义先进文化前进方向，强化政治引领，提升人民文明素质，切实承担起举旗帜、聚民心、育新人、兴文化、展形象的使命任务。

坚持统筹建设，推动均衡发展。加强城乡公共文化服务体系一体建设，促进区域协调发展，健全人民文化权益保障制度，推动基本公共文化服务均等化。

坚持深化改革，推动开放发展。深化公共文化服务体制机制改革，创新管理方式，扩大社会参与，形成开放多元、充满活力的公共文化服务供给体系。

坚持共建共享，推动融合发展。在把握各自特点和规律的基础上，促进公共文化服务与科技、旅游相融合，文化事业、产业相融合，建立协同共进的文化发展格局。

（二）主要任务

深入推进公共文化服务标准化建设。全面落实国家基本公共服务标准。在保障国家基本标准落实到位的基础上，推动各省（区、市）结合本地区实际制定地方标准，地（市）、县（区）制定目录。要加强事前论证和风险评估，控制在财政承受范围以内，不得脱离实际盲目攀高，确保财力有保障、服务可持续。进一步完善公共图书馆、文化馆（站）和村（社区）综合性文化服务中心等建设和服务标准规范，健全公共数字文化标准规范体系，根据工作实际，适当提升有关指标，发挥引导作用。依托行业组织，加强公共图书馆、文化馆评估定级工作。以省（区、市）为主体，开展乡镇（街道）综合文化站评估定级。建立健全科学规范的评估标准体系，进一步完善评估定级结果运用机制，鼓励地方通过经费分配、项目安排等方式，加大奖优力度。

创新拓展城乡公共文化空间。立足城乡特点，打造有特色、有品位的公共文化空间，扩大公共文化服务覆盖面，增强实效性。适应城乡居民对高品质文化生活的期待，对公共图书馆、文化馆（站）功能布局进行创意性改造，实现设施空间的美化、舒适化。支持各地加强对具有历史意义的公共图书馆、文化馆的保护利用。鼓励在都市商圈、文化园区等区域，引入社会力量，按照规模适当、布局科学、业态多元、特色鲜明的要求，创新打造一批融合图书阅读、艺术展览、文化沙龙、轻食餐饮等服务的"城市书房""文化驿站"等新型文化业态，营造小而美的公共阅读和艺术空间。着眼于乡村优秀传统文化的活化利用和创新发展，因地制宜建设文化礼堂、乡村戏台、文化广场、非遗传习场所等主题功能空间。鼓励将符合条件的新型公共文化空间作为公共图书馆、文化馆分馆。积极推进社区文化"嵌入式"服务，将文化创意融入社区生活场景，提高环境的美观性和服务的便捷性。鼓励社区养老、文化等公共服务设施共建共享。

促进公共文化服务提质增效。推动基本公共文化服务融入城乡居民生活,提高群众知晓率、参与率和满意率。继续实施公共文化设施免费开放,拓展服务内容,创新服务形式,提升服务品质。进一步加强错时开放、延时开放,鼓励开展夜间服务。推动公共图书馆、文化馆拓展阵地服务功能,面向不同群体,开展经典诵读、阅读分享、大师课、公益音乐会、艺术沙龙、手工艺作坊等体验式、互动式的公共阅读和艺术普及活动;鼓励"走出去",创新开展创意市集、街区展览、音乐角、嘉年华等文化活动。各级公共图书馆、文化馆(站)可发挥平台作用,通过与社会力量合作、公益众筹等方式,面向不同文化社群,开展形式多样的个性化差异化服务。鼓励有条件的公共图书馆、文化馆提炼开发文化IP,加强文创产品体系建设。加强公共文化服务品牌建设,在全国遴选推介公共图书馆优秀阅读品牌、文化馆(站)优秀艺术普及活动品牌。面向不同年龄段群体开展特色文化服务。鼓励各地根据实际,推动公共文化服务与教育融合发展,面向中小学生设立课外教育基地。鼓励有条件的文化馆将说唱、街舞、小剧场话剧等文化形式纳入服务范围。积极适应老龄化社会发展趋势,提供更多适合老年人的文化产品和服务,让老年人享有更优质的晚年文化生活。加强面向残疾人的文化服务。

做大做强全民艺术普及品牌。切实推动全民艺术普及,使艺术融入日常生活,使生活更具审美品位。推动各地设立全民艺术普及月,鼓励举办全民艺术节,增强社会影响力。坚持以社会主义核心价值观引领群众文艺创作生产与传播,充分发挥"群星奖"等示范作用,推动创作更多有力量、有筋骨、有温度的群众文艺精品。健全支持开展群众性文化活动机制。举办全国性群众文化展演、调演活动。广泛开展广场舞展演、大众合唱节等群众喜闻乐见的文化活动。以市、县为主体组织"百姓明星"大赛,引导城乡群众在文生活中当主角、唱大戏。与互联网平台合作，创新广场舞等群众文化活动管理和服务手段。进一步加强群众文化艺术培训，使各级文化馆成为城乡居民的终身美育学校。鼓励各地以文化馆为主导，联合社会艺术培训机构，组建全民艺术普及联盟，搭建推广平台。充分发挥群众文艺在国际文化交流中的作用，创造条件组织国际艺术院团到基层开展公益性演出，在"欢乐春节"、海外中国文化旅游年、国际艺术节、多边或双边文化交流中更多地植入群众文化活动、项目，展现中国形象，讲好中国故事，以民相亲促进心相通。

加强乡村文化治理。紧紧围绕乡村振兴战略，将乡村文化建设融入城乡经济社会发展全局，融入乡村治理体系。深入开展乡镇综合文化站专项治理。结合实际，适当拓展乡村基层综合性文化服务中心旅游、电商、就业辅导等功能。坚持"见人见物见生活"，加强乡村地区非物质文化遗产保护和利用。开展乡村艺术普及活动，依托中国民间文化艺术之乡，推进"艺术乡村"建设，提升乡村文化建设品质。建立艺术家、策展人等专业人士与民间文化艺术之乡的对接机制，挖掘乡土底蕴，传承乡村文脉。开展"村晚"等富有文化特色的农村节庆活动，形成具有区域影响力的乡村名片，打造节庆新民俗。整合优质资源与力量，持续开展"戏曲进乡村"等送文化下基层活动。结合全国乡村旅游重点村镇建设，打造特色乡村文化和旅游品牌，拓展乡村文化和旅游发展新模式。坚持平等、参与、共享的原则，加强对城市新生代外来务工人员的文化帮扶，推动他们更好融入城市，成为城乡文化交流的重要力量。

三 农文旅产业在脱贫攻坚中的重要作用[①]

在 2021 年 2 月 25 日举行的全国脱贫攻坚总结表彰大会上，习

---

① 本部分内容摘编自《弘扬脱贫攻坚精神 在新起点上接续奋斗——习近平总书记在全国脱贫攻坚总结表彰大会上的重要讲话在文化和旅游业界引起强烈反响》，《中国旅游报》2021 年 3 月 1 日，第 1 版。

近平总书记庄严宣告，经过全党全国各族人民共同努力，在迎来中国共产党成立一百周年的重要时刻，我国脱贫攻坚战取得了全面胜利，创造了又一个彪炳史册的人间奇迹！习近平总书记站在党和国家事业发展全局的战略高度，充分肯定了脱贫攻坚取得的伟大成绩，深刻总结了脱贫攻坚的光辉历程和宝贵经验。习近平总书记的讲话在文化和旅游业界引起强烈反响，大家表示，要发扬伟大的脱贫攻坚精神，坚定信心决心，真抓实干、埋头苦干，乘势而上、再接再厉、接续奋斗，全面推进乡村振兴，向着第二个百年奋斗目标奋勇前进。

大会上，重庆市巫山县竹贤乡下庄村党支部书记毛相林被授予"全国脱贫攻坚楷模"荣誉称号。下庄村曾是一个贫穷闭塞的村庄，1997年起，毛相林带领乡亲历时7年，在绝壁上凿出一条8千米长的"绝壁天路"。路修通后，他带领村民因地制宜探索培育出柑橘、桃、西瓜等产业，发展乡村旅游，改变了贫困落后的面貌。"总书记对我说'你辛苦了'，我回答'不辛苦'。"在毛相林看来，总书记的这声"辛苦"，不只是对自己说的，还是对不懈奋斗的下庄人说的，更是对所有奋战在脱贫攻坚一线的干部群众的肯定。"接下来，我们要团结带领下庄人，继续发扬下庄精神，整治村容村貌，发展好乡村旅游，做好乡村振兴这篇大文章。"毛相林介绍，从前修路是为了让村民"走出去"，现在我们希望能有更多游客"走进来"。

"当从总书记手上接过奖牌时，我向总书记报告说，闽东人民、下党乡乡亲们非常想念他，诚挚邀请他回来走走看看。"在全国脱贫攻坚总结表彰大会上，福建省寿宁县下党乡委员会被授予"全国脱贫攻坚楷模"荣誉称号，参加大会的下党乡党委书记项忠红激动地说。习近平总书记曾三进下党乡访贫问苦，指导当地发展。下党乡党委坚持党建引领，因地制宜，精准脱贫，发展起生态农业和旅游业，2020年累计接待游客和学员20多万人次，实现旅游综合收入2600多万元。项忠红说："下一步，我们将以习近平总书记的重要讲话精神为指引，牢记总书记在给下党乡乡亲们回信中的殷殷嘱托，继续发扬滴水穿石的精神,以讲好'下党故事'为主线,加快推动旅游项目落地建设,打造'清新福建、难忘下党'红色旅游基地,积极开发竹溪流域乡村旅游线路,不断提高旅游服务标准和接待能力,着力打造全域旅游发展新格局,走出一条具有闽东特色的乡村振兴之路。"

"这次大会更加坚定了我在音乐领域为群众做更多实事的信心和决心。基层群众对精神文化生活的需求越来越大,我感到身上的责任更重了。"全国脱贫攻坚先进个人、文化和旅游部离退休人员服务中心一级演员李克自2019年起与女儿一起到山西省静乐县开展艺术扶贫,组建合唱团,教当地群众唱歌,为当地艺术教育捐款捐物,用音乐力量带动当地群众形成了积极向上的精神风貌。"现在合唱团已经具备一定规模,也获得了不少奖项,接下来我们将继续壮大合唱团力量,让更多当地百姓参与进来,让音乐在乡村振兴中发挥更大作用。"

全国脱贫攻坚楷模黄文秀生前系广西壮族自治区百色市委宣传部派驻乐业县新化镇百坭村驻村第一书记。她勇敢挑起全村脱贫重任,挨家挨户上门走访,跑项目、找资金、请专家,组织村民大力发展砂糖橘、八角、油茶等产业。"脱贫摘帽不是终点,而是新生活、新奋斗的起点。我们将大力弘扬脱贫攻坚精神,以黄文秀同志为榜样,带领百坭村党员和群众朝着宜居宜业、富裕富足的新百坭目标奋进。"百坭村驻村第一书记杨杰兴说,百坭村正在打造红色教育研学基地,策划团队也将到村里蹲点调研。下一步,百坭村将持续改善乡村风貌,推进产业提质增效,打响特色产品品牌,同时把特色产业、民族风情与乡村旅游结合起来,发展观光农业,使更多群众受益。

旅游业在民族地区和乡村地区脱贫攻坚中发挥了重要作用。湖南省花垣县双龙镇十八洞村曾是典型的苗族聚居贫困村。2013年,习近平总书记在十八洞村首次提出"精准扶贫",千年苗寨迎来历史性巨变。近年来,十八洞村因地制宜,形成种养、苗绣、劳务、旅游、山泉水五大产业体系。2019年5月，十八洞村成立花垣十八洞旅游开发有限公司，目前共吸纳46名村民就业，还带动了当地13家农家乐的发展以及土特产品的销售，直接或间接带动全村140余人从事相关产业。花垣县文化旅游广电局党组书记、局长麻健介绍，下一步，花垣县将进一步完善基础设施，优化旅游环境，打造特色品牌，积极对接市场，吸引更多游客观光，巩固脱贫攻坚成果。

位于内蒙古自治区兴安盟西北部的阿尔山市，森林覆盖率在80%以上，旅游资源丰富。近年来，在文化和旅游部的定点帮扶下，阿尔山市将生态资源优势转化为旅游业发展优势，当地约有60%的人口通过直接或间接参与旅游业实现脱贫。文化和旅游部扶贫干部、阿尔山市副市长岳青说，旅游吸引了消费人群，可促进整个地区的三次产业有效整合，带动群众就地就业。同时，木耳、树皮画等当地特色产品成为旅游商品，附加值得到提升，给群众带来了更多收入。下一步，阿尔山市将继续完善乡村旅游服务等基础设施，开发旅游产品，打造特色品牌，完善旅游产业链、服务链，提升当地百姓从事旅游业的能力和水平，增强后续发展动力。

全国脱贫攻坚先进集体、湖北省文化旅游投资集团有限公司践行国有企业担当，创新实践"旅游+精准扶贫"模式，带动相关地区50多万人就业。该集团董事长刘俊刚表示，集团将深入学习贯彻习近平总书记重要讲话精神，在全面推进乡村振兴中担当作为。同时，将继续坚持以人民为中心的发展思想，坚持强农惠农，在景区周边安排一批商铺，支持农民创业，为农民提供宾馆服务、物业管理、门卫保安等就业岗位，推动农民变职工。

当前，各地正积极谋划，推动旅游业高质量发展，实现巩固拓展脱贫攻坚成果与乡村振兴有效衔接，助力乡村振兴。

例如，广西将制定文化和旅游发展规划，出台相关政策，促进乡村旅游高质量发展。充分挖掘山水田园、民族民俗、文化历史等旅游资源，高质量培育各类乡村旅游新业态；加快推进乡村旅游道路、通景公路改造升级和旅游厕所建设，推进乡村旅游智慧化发展；

完善休闲观光农业、乡村旅游相关配套设施，培育一批具有影响力的休闲农业与乡村旅游示范品牌；挖掘乡村民族文化、农耕文化等特色文化，加强乡村文化遗产保护传承，丰富乡村旅游的文化内涵；通过线上线下多种形式，加强对乡村文化能人、非遗传承人、乡村旅游从业人员等的技能培训，改善乡村旅游人才结构。

贵州省文化和旅游厅表示，贵州文化和旅游系统将保持力度不减、标准不降、干劲不松的态势，奋力推动文化和旅游业高质量发展，着力做好从"扶贫"转向"防止返贫"这篇文章。着力形成差异明显的乡村旅游目的地体系，打造特色乡村旅游带；鼓励和支持有条件的村寨进行景区化打造，培育一批休闲农业重点县、中国美丽休闲乡村和农业主题公园，推动农文旅商一体化发展；大力推进"旅游+发展"，丰富乡村旅游业态，促进乡村旅游消费。

近年来，江西通过发展乡村旅游，涌现了井冈山神山村、婺源篁岭、大余丫山等旅游扶贫典型案例。江西省文化和旅游厅表示，江西将持续改善脱贫地区基础设施条件，按照乡村建设行动部署，支持脱贫地区因地制宜推进农村厕所革命，加强旅游线路建设，打造新时代"五美乡村"，继续做好乡村旅游规划实施落地，打造一批叫得响、有影响力的乡村旅游点和乡村旅游精品线路，进一步巩固乡村旅游扶贫成果。

吉林省文化和旅游厅表示，吉林将推动乡村旅游网络化、数字化基础设施建设，加强农村人才队伍建设，建立文化和旅游人才队伍建设基地，为发展乡村休闲旅游提供人才支撑。

全国脱贫攻坚先进个人、河北赞皇县原村土布专业合作社理事长、河北赞皇县雪芹棉产品开发有限公司董事长崔雪琴说，希望能吸引更多周边群众参与到原村土布的产业链中，力争把原有的文化扶贫产业园打造成特色生态土布小镇，吸引更多国内外游客到赞皇旅游、消费，从而带动区域乡村产业做大做强，为乡村振兴贡献自己的力量。

四　农文旅融合发展典型案例①

（一）四川大竹：打造农文旅融合发展范本②

四川省大竹县几年前就提出打造农文旅融合发展先行示范区，如今几乎每个乡镇都有农文旅融合发展的良好范本。2018 年，全县旅游业综合收入达 35 亿元。"只有产业发展'一二三'齐步走，农文旅深度融合，才能凝聚更多要素，发挥更大效益。"大竹县委宣传部部长余述容说。夯实农业基础，推动以文化为灵魂的乡村旅游业发展，成为大竹县近年来的重要工作。该县制定目标，努力使服务业增加值占 GDP 的比重在 40% 左右，农村居民人均可支配收入超过 1.8 万元。

位于庙坝镇五桂村的"渔人部落"是由本村返乡创业人员余永宽创立的一个休闲观光农业综合体。2013 年，余永宽返乡成立大竹县百泉水产养殖专业合作社，计划投资 2 亿元，打造一个以"花鸟鱼"为主题的项目，其中一期工程流转土地 800 余亩，2018 年 4 月已建成投产，投资额高达 6000 余万元。

园区内引进红豆杉、紫荆、红枫、茶花、碧桃等 100 余个品种，种植珍稀苗木 300 余亩共 6 万余株；建成养殖水面 125 亩，养殖胭脂、丁桂、鸭嘴鲟等名优鱼类，年产各种鱼类 25 万斤；建成标准化钓鱼池 3 个，并在青山绿树中建立起 20 个体验式训练项目。"根据 20 个项目的特点，我们总结出了'向上、拼搏、勇敢、执着、勤奋、创新、大爱、协作'16 个字的'少年精神'，比如通过星空滑道、水上闯关、水上乐园等训练项目，可以培养青少年勇于挑战、

---

① 本部分案例来源不同，为统一表述，原案例中的"农旅文""文农旅"均统一为"农旅文"。
② 本部分案例参考李传君《四川大竹：打造"农旅文"融合发展范本》，《农民日报》2019 年 6 月 5 日，第 4 版。

勇往直前、敢于战胜各种困难的信心和决心。"园区工作人员说。

该园区已成为大竹乃至周边县教育机构争相追捧的一个训练基地。2018年暑期以来，共开办了7个夏令营专题训练班，开展体验式训练200余次，累计培训青少年3万余人。开园至今，园区累计接待游客60余万人，实现旅游综合收入400余万元。目前，吸纳周边100余名农民务工（固定员工82人，流动工人30~80人），其中20余名务工人员是本村及周边村的建档立卡贫困户，目前人均年收入可达2万余元，成功摘掉"贫困帽子"。

河边草木郁郁葱葱，几座竹楼掩映其中。登堂入室，竹墙、竹瓦、竹床、竹桌、竹椅，屋外一方竹台，一边品茗，一边甩出竹竿垂钓，在这样独具一格的民宿里住一天，该有多么惬意。位于杨家镇狮潭村、双江村的太极岛，不仅有竹楼民宿，岛上到处都是让人流连忘返的美景和好玩的去处。玉带河在这里拐成"S"形，形成由两个天然半岛构成的太极图，充满了神奇的魅力。几年前还名不见经传，到现在节假日已吸引了众多游客前来观光旅游。"南半岛除了100亩樱花外，主要是动态游玩项目，比如滑翔飞行、亲子厨房，以及一些拓展性体验项目，还有乡村酒店、乡村民宿、盆景园、根雕博物馆等。"熊显荣介绍说。每年3月下旬至4月上旬，太极岛都会举办樱花节，每天上万人涌入，一个月的旅游收入就达几十万元，全年乡村旅游收入在150万元以上，这笔收入就可保证公司的日常运转。据公司有关工作人员介绍，下一步他们将着重在文化上挖掘旅游亮点，以求更大效益。"我们将在两个天然半岛的'鱼眼'处各建一个圆形的太极广场，与县太极拳协会合作，长期在这里举办太极拳表演、教学及文化宣传活动，并延伸开发太极养生、健康饮食等文化内涵。同时，结合大竹县特有的竹文化，传承大竹县竹帘画等非物质文化遗产。"熊显荣说。

根雕博物馆共收藏了500余件竹木根雕作品，每件作品背后都有故事。那件名为《偷着乐》的作品，向观众展示的是一个圆滚滚的树疙瘩里隐藏着一张笑脸，据说作者为给它起名，冥思苦想了几天,一次半夜醒来,脑子里突然冒出"偷着乐"三个字,于是连夜雕琢,一气呵成。"站在山顶上,如果天气晴朗,可以一览大竹、渠县、前锋三个城市的风貌。"四川大地春天农业有限公司总经理施德云说。此山是什么山?无人得知,只晓得是华蓥山脉中的一个。"现在人们都把它叫欢喜坪。"施德云说,他在山顶打造的欢喜坪旅游度假区一期工程,已经完成了绝大部分项目,总投资为3800余万元。

"叫它欢喜坪,也不是空穴来风。"施德云说,这里是大竹到广安的古官道必经之地,从山脚上来七八公里山路,眼前突然出现一块可以歇脚打坐的平地,赶路人心里别提有多高兴了,故而大家习惯叫它欢喜坪。欢喜坪原本指很小的一块平地,现在用以指整个项目区。项目区由山顶一块块大小不一的平坝和坡度很浅的缓坡构成,总面积为7000余亩,土地分属大竹县和广安市前锋区的两个村。公司共修建山顶公路17公里,沿途栽满银杏,打造了70~80亩樱花、30~40亩李子、30多亩高山蔬菜,并栽植了大量的名贵观赏苗木。"今后还将种植猕猴桃,因为山上野生猕猴桃长得很好,说明山上适合种植。"施德云说。但旅游度假才是项目的主要功能,目前已建成游客中心、餐厅、民宿酒店、康养度假房、露营基地、森林游乐场、跑马场等设施,餐厅可以同时接待400~500人用餐,目前虽未正式营业,但周末已经吸引了周边县区不少游客,"五一"期间每天有400余辆车,至少2000人。"欢喜坪的前景我们很看好。"施德云说,"因为它所处的位置特殊,50公里范围内有4个县城,覆盖人口600余万人。二期工程我们将打造一个商业小镇,实现吃、住、游、玩一体"。

(二)广东佛山三水沙围村:推进农文旅融合发展,打造游学示范基地①

2019年10月1日上午9时许,广东佛山三水沙围村沙围大楼前

---

① 本部分案例参考梁欣莹、洪海《广东佛山三水沙围村:推进农旅文融合发展 打造游学示范基地》,"学习强国"广东学习平台,2019年10月8日。

锣鼓喧天、醒狮劲舞。100多名沙围村外嫁女从五湖四海回到家乡，共聚一堂，身穿旗袍，参加沙围村2019年姐妹聚会暨敬老联欢活动。"太美了！没想到我们村的变化这么大！"在村里参观后，远嫁澳门的李自金感慨良多，为家乡的变化感到自豪。这个国庆假期，沙围村的七彩花田上，硫华菊、向日葵、百日草、波斯菊竞相绽放，吸引了大批游客前来观赏。在他们当中，有来自高明的摄影爱好者，组队前来游玩；也有从肇庆过来的广场舞舞蹈队，在花海中展舞姿、拍美照；还有从广西驱车回到白坭的夫妻，带孩子看看家乡之变，感受家乡之美。

为迎接各方游客，花田上设置了"最佳拍摄点"指引和创意拍照展板，引导文明旅游。在"C位出道"展板前拍照的顺德人朱凤茵说，乡村应该保持这样的生态美，给游客一种自然融入感。趁着假期和高涨的人气，村民陈杏心和亲戚一起把自家种的木瓜、雪梨瓜、香蕉、菜心以及一些批发来的时令水果拿到花田边统一规划的摊位摆卖。"生意最好的那一天，收入能有1000多元。"陈杏心说。

被花田"带旺"的还有附近的西江河鲜美食街，各农庄生意火爆。游七彩花田，品西江美食，沙围村人气旺了，村民钱包也鼓了。沿着白坭工业大道驶入沙围村，60亩七彩花田的全貌一览无余。从西江蔬菜世界现代农业园入口处右转进入村前大道，"七彩花田晒乐营"农旅庄园、康喜莱现代农业产业园、沙围大楼、村史馆、西江河鲜美食街等悉数呈现。2019年2月至今，沙围村从点到面，乡村振兴工作全面开花。早在2019年4~5月，沙围村就"火了一把"，成为短途旅游、组团观光、考察调研的"网红点"。时隔数月，如今的沙围村乡村振兴成效显著。沙围村农业产业园见图3-1。

2018年2月，佛山三水区成为全省乡村振兴综合改革唯一一个县区级试点；随后，白坭镇被三水区委以"高标准建成乡村振兴综合改革示范镇"的重任，沙围村则成为"示范镇"中的示范点。

"发展乡村游，沙围村正好赶上了。"李棠光介绍，随着乡村振兴

图 3-1　沙围村农业产业园

资料来源：梁欣莹、洪海：《广东佛山三水沙围村：推进农旅文融合发展打造游学示范基地》，"学习强国"广东学习平台，2019 年 10 月 8 日。

项目的落地，沙围村环境越来越美，从年初简单的参观游览，到以七彩花田为圆心新增了文化类、餐饮类、体验类元素，农文旅产业得到更充分、更全面的融合与发展，沙围村从吸引人到留住人，乡村的经济发展活力逐渐被唤醒。西江畔、花田上，三两座小木屋勾起了游客们的好奇心。这是白坭镇在沙围村重点打造的"七彩花田晒乐营"农旅庄园一角。根据规划，晒乐营将建设成集会议、培训、户外拓展、游乐等于一体的多功能空间，目标是成为佛山游学产业集群的示范基地。届时，游客可划船游览花海，"一站式"体验研学游之旅。

（三）四川攀枝花盐边犀牛村：探索村企合作新模式，走上农文旅融合致富路[①]

犀牛村位于四川攀枝花市盐边县渔门镇中部，地处 S470（二滩环湖路）沿线，面临风光旖旎的二滩湖，背靠海拔 3300 米的光头山，2000 余米的海拔落差形成了犀牛村独特的地理优势。依靠其得天独厚的地理优势，犀牛村一方面大力发展枇杷、芒果、蚕桑、核桃

[①] 本部分案例参考《犀牛村：探索村企合作新模式，走上农文旅融合致富路》，攀枝花市人民政府网站，2021 年 3 月 31 日。

等传统农业；另一方面则与知名民宿企业合作，逐渐把犀牛村打造成为一个地域连片、产业互补、宜居兴旺的旅游特色村，以村企合作模式，通过"渔门小聚"民俗客栈实现村集体经济发展的重大突破。

犀牛村的成功探索并不是一蹴而就的，其关键在于找准自身优势，做好、做活资源开发利用这篇文章。犀牛村有容量达 66 万立方米的拱桥水库、数十亩闲置的村集体土地、适宜枇杷生长的黄金海拔带，更有迤逦的好风光，是一个极好的旅游观光、休闲康养之地。近年来，犀牛村充分发挥自身资源优势，明确了做强枇杷产业带动村民致富，引进优质企业合作发展壮大休闲旅游业，实现村集体经济发展、村民富裕的思路。

2017 年末，犀牛村枇杷种植面积已达 2900 亩，并注册了"渔门枇杷"品牌商标（见图 3-2）。如今，犀牛村枇杷早已"飞入"中南海、"北上广"，产值超 700 万元，每年可实现全村人均增收 2000 元。通过做优、做强枇杷产业，犀牛村村民有了稳定的收入来源，村民逐渐富裕，村民发展产业的积极性日渐提高，村集体经济的发展当然也要紧跟步伐。

图 3-2 犀牛村的枇杷

资料来源：《犀牛村：探索村企合作新模式，走上农文旅融合致富路》，攀枝花市人民政府网站，2021 年 3 月 31 日。

2018年，犀牛村邀请旅游资源勘查专家来此实地调研，根据自身地理位置、环境优势制定了相应的发展蓝图。2019年6月，犀牛村依山傍水的地理环境受到了北京一家旅游开发公司的青睐，这家公司的主要业务领域为涉外旅游，有着丰富的旅游行业经验，当时正计划寻找一个钟灵毓秀之地，打造面向国内外高端游客的民俗客栈。2019年10月26日，双方顺利达成合作，11月"渔门小聚"民俗客栈项目正式落地开工，村企合作跨出第一步（见图3-3）。

图 3-3 "渔门小聚"民宿客栈

资料来源：《犀牛村：探索村企合作新模式，走上农文旅融合致富路》，攀枝花市人民政府网站，2021年3月31日。

项目建设过程中，犀牛村全力以赴为项目提供支持，顺利争取到30万元市级集体经济扶持资金，建设了一座150立方米的净水池和7公里长的供水管道以解决民宿水源问题，同时完成了村里到民宿100余米的道路硬化、700余平方米的挡墙配套基础设施建设，为项目的后续运营提供了重要保障。2020年6月，民宿基本完工，"渔门小聚"民宿客栈开始试营业，美丽的格桑花海、临湖"网红打卡地"、独特的帐篷房屋等都让"渔门小聚"成为犀牛村农文旅融合发展的一张靓丽名片。

目前,"渔门小聚"民宿客栈的知名度、火热度还在持续攀升,已成为盐边县休闲旅游的一处"网红打卡地",也是攀枝花康养旅游产业"5115"工程和盐边县"康养名县"战略发展的一个缩影,在带动村集体经济发展的同时,也带动了当地村民就业,拓展了农产品销路,有效地促进了村民增收致富。

下一步,犀牛村将充分总结运用"渔门小聚"项目的成功经验,利用100万元省级集体经济扶持资金,推动"犀牛山水生态旅游度假区项目"建设,通过大力挖掘"犀牛望月"的传说,融合传统历史文化和自身优势资源,打造集康养、休闲、娱乐于一体的宜居康养产业链,以旅游业的发展带动当地枇杷销售,进一步壮大集体经济、增加村民收入,力争在2021年末实现村集体经济年收入突破50万元,带动村民人均增收2000元以上。

(四)江苏泰州姜堰三水街道:农文旅融合为乡村振兴添活力[①]

"千里莺啼绿映红,水村山郭酒旗风。"2021年春,江苏泰州姜堰区三水街道小杨村迎来了第一批踏青赏花、春游打卡的游客。"第一次来小杨村,感觉这里非常适合亲子游,不仅风景优美,还可以看鸵鸟、采摘火龙果,十分新奇。"自驾游游客陈杨说道。

近年来,农文旅融合成为城市消费需求的热点。小杨村依托丰富的文化和生态资源,注入社会资本"活水",打造"大产业+大旅游+大养老"的溱湖绿洲田园综合体,走出了一条农文旅融合发展的新路径(见图3-4)。该村先后荣获"中国美丽休闲乡村""全国乡村旅游重点村""国家森林乡村""江苏水美乡村"等荣誉称号。

着力于"文化+体育",打造"一站式"研学营地。小杨村不仅通过深度挖掘本地文化,建设民俗文化馆,利用本村会船文化、篦

---

① 本部分案例参考于驰宇、王岩:《姜堰三水街道:文农旅融合为乡村振兴添活力》,"学习强国"泰州学习平台,2021年4月21日。

图 3-4　小杨村

资料来源：于驰宇、王岩：《姜堰三水街道：文农旅融合为乡村振兴添活力》，"学习强国"泰州学习平台，2021年4月21日。

蟹文化、状元文化、农耕文化等特色乡土文化，因地制宜开展研学游项目，而且利用成功争取省运会射箭比赛（见图3-5）和马术训练场地的契机，建成时尚体育运动基地。同时，联合南京房车露营协会、长三角"爱车俱乐部"，打造户外运动大本营，成为周边旅游和运动爱好者的最佳目的地。该基地年接待自驾游游客15万人次，为本村村民提供就业岗位近100个，村民人均年收入提高近3万元。

图 3-5　射箭比赛

资料来源：于驰宇、王岩：《姜堰三水街道：文农旅融合为乡村振兴添活力》，"学习强国"泰州学习平台，2021年4月21日。

小杨村致力于以"医养+康养"为突破点，通过成立中国溱湖国际康养中心（见图 3-6），定期召开行业国际与全国性会议、论坛和各类沙龙。同时，定位高端医养市场，以多层级适龄服务和医疗护理为主要特色，致力于打造长三角地区具有影响力的医养平台，为周边养老人群提供宜居宜游、宜医宜养的度假颐养社区。

图 3-6　康养中心

资料来源：于驰宇、王岩：《姜堰三水街道：文农旅融合为乡村振兴添活力》，"学习强国"泰州学习平台，2021 年 4 月 21 日。

着力于"线下+线上"，打造簖蟹养殖示范区。小杨村通过制定村企共建机制，投资经营店铺 200 间，整合商户 122 户，带动周边村民养殖簖蟹 10 万余亩。一方面，线下开发簖蟹系列产品，打造蟹黄包、蟹黄油、熟醉蟹、蟹田香米等系列产品，成功创建"小杨人家""北簖""溱小蟹"等品牌。另一方面，线上推广品牌形象，通过成立电子商务中心以及举办"京东线上直播"等系列主题活动，极大地促进了本地及周边地区簖蟹的生产和销售。该村下一步将继续投资打造"云上溱湖"数字市场，力争到 2024 年实现带动簖蟹及深加工销售额突破 5 亿元。

（五）江苏省：全力推广美丽乡村游[①]

2021年3月11日，江苏省农业农村厅召开新闻通气会，宣布2021年"苏韵乡情"乡村休闲旅游农业重要活动计划。围绕"每天有景看、每月有花赏、每季有果尝、全年可农游"，2021年江苏省再宣传推介100个主题创意农园，并首推100个乡村休闲旅游农业农耕实践基地、100个乡村休闲旅游农业康美基地。

乡村休闲旅游农业是江苏省现代农业提质增效工程重点发展的8个千亿元级特色产业之一。2020年，江苏省集中开展了包括100个主题创意农园、100条休闲旅游农业精品景点线路和100道乡土美食地标菜在内的"三个100"宣传推介活动。目前，江苏省具有一定规模的休闲旅游农业园区超过1.2万个，拥有全国休闲农业示范县20个、中国美丽休闲乡村50个，数量位居全国第一。2020年，江苏乡村休闲旅游农业游客接待量达2.6亿人次，年综合经营收入超过800亿元。

2020年，江苏省农业农村厅与江苏省文化和旅游厅签订战略合作协议，联合组织开展"苏韵乡情"乡村休闲旅游农业系列推介活动，同时指导开发了乡村休闲游App，目前已入驻休闲农庄、农业企业4200余家，用户超过37万人，成为集游景点、住民宿、品美食、购特产于一体的农文旅综合平台。

经第三方大数据监测，2020年江苏省75家乡村旅游重点村共接待游客8529.7万人次，同比恢复89.3%，乡村旅游在新冠肺炎疫情后复苏较为稳定。江苏省文化和旅游厅自然资源开发处认为，2021年在疫情防控常态化的形势下，高频次、短距离、低单价、大众化旅游将成为一种趋势，城市周边乡村旅游将率先复苏。

2021年是"十四五"乡村全面振兴、加快推进农业农村现代化的开局之年，江苏省乡村旅游立足"每天有景看、每月有花赏、每

[①] 本部分案例参考《全力推广美丽乡村游》，《南京晨报》2021年3月22日，第6版。

季有果尝、全年可农游"，根据不同季节特点和节假日时点分布，持续创新开展"苏韵乡情"乡村休闲旅游农业系列推介活动，重点组织"一园、两基地、三活动"推介。"一园"是主题创意农园。重点宣传主题创意农园的创新创意理念和营销模式。截至2020年，江苏省主题创意农园总数已达到400个，2021年要再宣传推介100个主题创意农园。"两基地"是乡村休闲旅游农业农耕实践基地和康美基地。2021年首推100个乡村休闲旅游农业农耕实践基地，指导有条件的经营主体参与设置农事活动体验、农耕文化传承等研学课程，为青少年、社会群体提供体验农耕、学农研农的实践场所。同时，首推100个乡村休闲旅游农业康美基地，聚焦体育健身、健康养生、度假养老等内容，打造老少皆宜的休闲胜地。"三活动"包括休闲住宿创意推介、伴手礼文创设计，以及开展乡土地标菜文化传播活动。2021年，江苏省农业农村厅向社会推介一批木屋、星空房、树屋、胶囊房、房车、民宿等休闲住宿创意产品，围绕"百道乡土地标菜"征集乡土美食文化故事等。不仅可以线下打卡，线上活动也精彩纷呈。据江苏省农业宣传教育与文化体育中心介绍，全新升级的乡村休闲游App采用"1+1+4+N"模式，即"一个乡村休闲游App平台+1个乡村休闲游微信公众号+4个小程序矩阵+省内N个线下联展联销体验点"。

第二节 我国农文旅品牌在视觉形象方面的问题分析

中国品牌视觉形象设计从改革开放至今经历了恢复、探索、成长、成熟的发展阶段。随着改革开放的深化，国外特别是欧美的流行文化和生活观念通过影视作品、报纸杂志和各种传播渠道渗透到中国社会的各个角落，潜移默化地影响着中国大众的价值观和消费观。越来越多的国人开始追逐国外时尚产品和知名品牌，而国外产品品牌在中国所获得的成功客观上也刺激了国内企业对品牌形象建设道路的积极探索和对国外先进品牌理念的学习与效仿，极大地推动了品牌视觉形象设计的发展和国内商业艺术设计水平的提高。20世纪90年代，在稳定的社会环境和经济环境下，国内企业品牌形象建设意识进一步增强，大多数企业引入了企业形象识别系统（CIS），大幅提高了企业的市场竞争力，同时也极大地促进了国内品牌视觉形象设计的成熟化发展。当然，品牌形象探索之路也并非一帆风顺，国内企业在对品牌形象理念的认识和实践上还存在诸多不足，加上当时国内还缺乏高水平的品牌形象顾问机构和成熟的广告公司，因此在品牌形象设计和运作中也必然存在一定的问题。但是瑕不掩瑜，20世纪90年代后期，国内品牌视觉形象设计迎来了全方位的发展，逐渐走向成熟。

进入21世纪，新媒体、新工具带来了设计观念的更新和进步，国内设计界与国际同行业间的接轨更加紧密，国内商业艺术设计水平得到了飞跃式的发展。2001年12月11日，中国正式加入WTO，成为世贸组织第143个成员国，这无疑为中国经济在21世纪的腾飞提供了有利条件。但是在迎来新机遇的同时也带来了新的挑战，中国进一步开放国内市场，外资企业和国外商品的大量涌入，必然加剧国内市场的竞争，中国企业和产品在"走出去"的同时还要面对"迎进来"的挑战。而这种挑战和竞争不仅存在于商品市场，在艺术设计界也是如此。国外优秀的设计机构、广告公司也纷纷涌入国内，并在国内迅速扩张，对国内的设计机构和企业构成了威胁。国外设计机构和广告公司高水准的运作、成熟的经验及优质的服务对国内企业更具吸引力，因此更受客户青睐。

不过国外广告公司和本土设计企业孰优孰劣也不是绝对的，客观来看，在中国广阔的市场空间中，国外设计机构和广告公司与国内设计机构都为推动当代中国品牌视觉形象设计的成长与成熟做出了重要贡献。而在市场竞争过程中，国内设计机构也获得了长足的进步，在成长中积累了经验，朝成熟化、专业化方向迈进。国内品牌视觉形象设计在改革开放至今 40 多年的历程中得到了飞速发展，通过商标、广告等品牌视觉形象塑造，以及传播方式的普及与发展，国内品牌视觉形象设计愈加成熟，并且逐渐形成了一种整合的、系统化的发展态势。然而，在进步的背后仍有隐忧，仍有亟待解决的问题，仍有需要反思之处。只有意识到问题的存在，不断总结经验，中国品牌视觉形象设计才能走得更远，更好地为国内国际企业及品牌服务，为民众生活增添更加丰富的色彩，从而取得更大的成功。

一 我国农文旅品牌视觉形象设计处于探索阶段

20 世纪 70 年代末至 80 年代末，中国商业艺术设计逐渐复苏，在此期间国内品牌视觉形象设计也得到了恢复。在改革开放和以经济建设为中心的基本国策导向下，国内社会经济状况逐渐好转，经济模式也从计划经济过渡到商品经济，为商业艺术设计提供了广阔的发展空间。国外企业和产品再次进入中国市场，为中国广告业和设计业提供了发展的动力，同时国内外设计界的交流沟通也为国内设计师提供了以资借鉴的对象并指明了学习的方向，开阔了视野。这些都为国内商业艺术设计的起飞铺平了道路。这一时期，在相对宽松的政治和社会环境下，文化艺术事业的逐步开放和电视、电影等生活娱乐方式的普及都在影响和塑造人们的价值观。经济的发展、生活水平的提高，加上欧美时尚文化的熏染，使人们的消费观悄然发生了变化，对时尚生活方式的好奇与向往促使人们追求国外知名品牌。而国外产品和品牌在国内的成功也鞭策和驱使中国企业踏上现代品牌形象的探索之路。

20 世纪 80 年代是中国品牌视觉形象设计复兴的时期。国外先进的艺术设计理念和运作方式开始进入中国。国内企业在发展中开始认识和重视品牌价值与品牌视觉形象设计的作用。同时，品牌的视觉形象也不断通过包装装潢的兴盛发展、商标的广泛应用，以及广告的大量投放而被塑造、被传播。这些在国内包装装潢设计、广告艺术设计和品牌标志设计的恢复与发展中均有所体现。

改革开放前，由于中国社会商品经济的滞后，中国商业艺术设计水平在国际上长期处于一种落后状态。特别是20世纪60~70年代，国内消费品的艺术设计极其粗陋，这一点在产品的包装装潢设计上体现得尤为明显。包装装潢设计是产品品牌视觉形象设计的重要组成部分，包装是对品牌理念、产品特性、消费心理等的综合反映。包装设计的优劣直接影响到消费者的购买欲和品牌在消费者心中的印象。"文革"期间，不仅国内市场产品包装简陋，外销商品的包装也是"一流的商品、二流的包装、三流的价格"，严重影响了出口商品的品牌形象。20世纪70年代中期，国家政府注意到对外贸易问题的严重性，1975年外贸部在外贸工作会议上做了题为"紧跟大好形势，做好包装工作"的讲话，强调包装对外贸工作的重要性，强调发展包装装潢设计的要务，要求相关部门对国际市场包装装潢的情况进行调查研究，汲取有益经验，发展外贸包装装潢工作，力图改变中国包装艺术设计的落后状态。

改革开放后，各个行业都迎来了复苏和发展，经济的发展以及人民群众消费审美观、消费价值观的提高为商业艺术设计提供了机遇。党和政府在改革开放的思路下及时提出了调整国民经济和大力发展消费品生产的方针，围绕消费品生产，调整国民经济结构，安排国民经济计划，使国内轻工业、日用工业得到了较好的发展。1978年1月30日，国务院批转轻工业部《关于大力发展日用工业品生产的报告》的通知指出，"四人帮"的干扰和破坏严重影响了国家在这方面的政策、计划的贯彻和落实，致使日用工业品的生产发展不快，品种减少，市场供应紧张，给人民生活带来了很大不便。为了扭转这种局面，1981年，五届全国人大四次会议指出，要把消费品工业生产放到重要位置。这一系列举措的提出和实施，间接刺激了包括包装装潢设计在内的产品艺术设计的发展。1982年，轻工业部召开全国轻工业优秀产品评选和经验交流会，总结出日用轻工产品的开发方向："日用品要在造型新颖、结构先进、安全可靠、独具风格、质优价廉、效益良好等方面下功夫；食品要在色香味形俱佳、携带开启方便、包装装潢精美等方面努力。"随着商品市场的繁荣，产品数量种类逐渐丰富，刺激了对产品包装设计的需求。由于包装的改变而救活一个企业的例子也不少。例如，1986年，山东阳谷景阳冈酒厂生产的"景阳冈酒"因长期滞销而濒临破产。究其原因，主要是包装过于陈旧，无法适应市场需求。酒厂负责人为此特地到北京寻求帮助，用他自己的话说："在长安街转了三天，一筹莫展。"后来一个偶然的机会，他闯进了中央工艺美术学院的大门，经介绍找到了装潢艺术设计系的高中羽先生。高中羽先生重新对"景阳冈陈酿"进行了包装装潢设计（见图3-7）。酒没有变，但因为有了好的包装，酒厂从此打通了销路，扩大了销量，获得了盈利，实现了发展。

图 3-7　高中羽设计的"景阳冈陈酿"包装
资料来源：孙绍君：《百年中国品牌视觉形象设计研究》，苏州大学博士学位论文，2013。

由此可见，消费者对产品的质量要求不仅停留在对功能的满足上，在产品外观的审美需求上也越发渴求，而企业家们也从实践中意识到了包装设计的重要性，这些都成为产品包装设计不断发展的动力。

20世纪80年代初期，中国包装总公司、中国包装技术协会相继成立，《中国包装》《中国包装年鉴》等期刊或年鉴也陆续编撰出版。1982年，中国包装技术协会、中国包装总公司在北京农展馆联合主办了"全国包装展览会"，这是中华人民共和国成立以后举办的首次包装展览，共展出24个省、自治区、直辖市的展品36000多件。此次展览还设置了"进口商品包装样品馆"，共展出从日本、东南亚、欧美、中国香港等近20个国家和地区选购的各类包装样品3500余件，并介绍了国外包装设计、包装材料和工艺技术的相关知识。展览结束后，还从展出作品中挑选了部分展品和进口样品到天津、上海、桂林、重庆、沈阳等城市进行了巡展，这对当时中国包装设计的发展助益良多。此后，不同形式的包装展览开始在各地举办，国内和国际性的包装设计研讨会也陆续召开，使得国内设计经验得到广泛交流。同时，国外包装艺术设计的信息借由展览、会议、讲学和出版物等方式传入，开阔了国内设计师的眼界，提高了其设计水平。这一时期，国内设计师在学习和引进西方现代包装艺术设计成熟经验的同时，也未摒弃中国传统艺术元素的养分，而是将传统的形态、结构、装潢样式融入现代的设计风格中，将现代元素渗入传统样式中，使包装设计的品类、风格更趋多样化。正如张道一先生所倡导的那样，包装装潢是一门大众化的设计，除了能体现商品自身的特点之外，还必须紧扣人民群众生活的脉搏，符合人民群众的审美心理。对于包装、装潢设计的民族化应该加以认真对待，对于外销产品的包装装潢，只有民族化才能产生独特的魅力，有助于产品的推销；对于内销产品的包装装潢，只有民族化才能适应人民群众的要求，为大多数人所接受（张道一，1981）。例如，1986年李永强设计的"太白醉酒"包装，以书法的"醉"字为主体图形，贯穿整个包装画面。而"醉"字最后那长长的一竖，笔势飘忽，似乎果真带着"醉意"，活灵活现，恰到好处。旁边的"太白"篆刻印章，也是中国传统文化元素，此包装在设计上注重包装的内在功能和民族性的彰显，十分成功（见图3-8）。在包装装潢设计的色彩运用上，国内设计师们吸收了欧美包装设计中的特长，注重色彩格调的创新以及色彩与环境的对比关系。文字的字体设计与编排也更加讲究，使画面的结构形式富于变化。这些设计上的进步让20世纪80年代的包装一改从前粗陋、落后的面貌，为后来的中国包装设计树立了榜样。另外，包装法规的制定与完善也是20世纪80~90年代中国包装艺术设计复兴并走向成熟的保障。

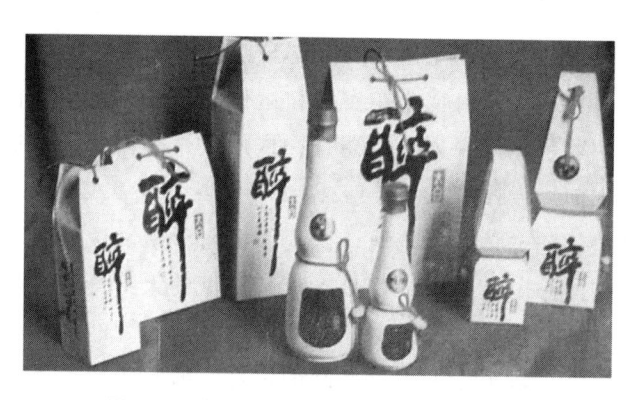

图3-8 李永强设计的"太白醉酒"包装
资料来源：孙绍君：《百年中国品牌视觉形象设计研究》，苏州大学博士学位论文，2013。

二 国内品牌形象构建中存在的问题

像"乐百氏""李宁""科龙""联想"等品牌都是国内企业品牌形象成功运作的典范。但是在数以万计的国内企业品牌中，成功的只是少数，大部分企业在品牌形象运作上存在种种问题，虽然也都引入了CIS设计，但最终还是在市场的激烈竞争中败下阵来。分析其中的原因是多方面的。虽然CIS设计在20世纪90年代的国内被企业界广泛接受和应用，并且呈现日益成熟和完善的发展趋势，但其现状不容乐观，仍然存在许多问题，面临很多困难。首先，从企业的外部环境看，20世纪90年代国内经济体制还不健全，市场发达程度较低。有大批企业处于战略转型和调整期，尤其是国有大型企业表现得最为明显，许多产业、产品、市场亟须整治和重新定位。国内市场上普遍存在的不公平竞争现象也阻碍了CIS的健康发展。其次，从企业内部来看，决策层往往缺乏自觉性和责任心，虽导入了CIS，但往往是跟随市场大潮所做的被迫之举，导致后期的执行力远远不够。最后，大众传播媒介、教育培训机构对CIS理念的传播还存在偏差，缺乏一定的准确性与完整性，由此导致国内从事CIS专业开发设计的人员严重匮乏，大部分品牌形象设计策划机构水平不高。总而言之，国内企业在实施和运作CIS设计过程中存在的问题和误区主要是：重规划，轻调查；重形式，轻内容；重设计，轻实施；重眼前，轻长远。

从这些问题中必须清楚地认识到，企业形象设计只是企业市场营销活动中的一个有机组成部分，其所提供的大部分内容只是视觉形象上的设计。虽然设计本身能够提升顾客对品牌的辨识度和记忆力，也能够在一定程度上促进产品的销售，但它所能提供的帮助是有限的，它并不是万能的，也不是企业起死回生的灵丹妙药，还有许多问题是它不能解决的。CIS只是整个企业市场活动的组成部分之一，倘若盲目迷信CIS的作用，而不重视提升产品质量、产品设计、产品服务，不慎重制定产品价格，轻视产品销售渠道等其他重要因素，那么势必影响企业产品的销售和企业在市场上的竞争力。反观西方欧美国家，许多企业在这个问题上一直保持比较客观的态度，在进行CIS设计的同时依然秉持正确的企业发展策略和原则，保持端正的发展态度，这些都是国内企业应该学习和借鉴的。

客观地说，对于大部分企业来说，中国本土的CIS设计实践直到今天仍然是局部的、探索性的，尚不成熟。但CIS设计在国内的推广对中国本土品牌视觉形象设计的发展意义重大，它从根本上改变了国内设计界长久以来对品牌视觉形象的固有理解和陈旧观念，将品牌视觉形象变成整体的、长远的、多元统一的、科学与艺术相结合的、有目的的设计行为。

三 物联网时代对农文旅品牌视觉形象设计的新要求和新挑战

21世纪是一个使人愉悦的设计时代，设计艺术在全球范围内得到了极大的发展，在中国也不例外。正如未来学家王小平在《第二次宣言》一书中所认为的那样，21世纪是给人以"娱乐"的时代，要"给人快乐的设计"。他认为未来多数产业成功的关键，在于它能给人们带来快乐（王小平，2003）。

姑且不论这样的看法是否偏颇，但至少指出了一个正在发生的事实，就是艺术设计已经从"服务企业、服务产品"转向了"服务消费者"，人民大众成为设计所指向的直接目标。21世纪是一个高度信息化的时代，也是技术革新的时代。不断更新的数字技术、信息技术谱写了"数字化""网络化"的社会生活主旋律。正如法国学者马克·第亚尼在其著作《非物质社会——后工业世界的设计、文化与技术》中所提及的那样，今天的技术构造着明天的人类（马克·第亚尼，1998）。的确，科学进步和技术创新影响着当今世界的交流，影响着人们的都市生活，影响着人们的价值体系和思维方法，也影响着人类文化的流向。在信息时代和科技时代背景下，与以往相比，艺术设计已经变成一个更复杂的行为和多学科综合作用的活动，设计语言日趋丰富，同时设计的诉求也在不断地转变。

另外，新媒体、新工具的出现和应用促进了国内品牌视觉形象设计在21世纪初走向成熟。计算机作为新兴的设计工具在21世纪得到广泛普及，大大提高了设计效率，网络的出现也深刻影响并改变了人们的生活方式和习惯。新媒体，特别是网络媒体，为品牌形象传播提供了更广阔的渠道和途径，网站的建立则为其提供了更新的平台和更多的受众。计算机软件的开发利用为品牌形象设计提供了便利，更先进的印刷技术也为品牌形象设计的应用提供了支持。与此同时，随着我国加入 WTO，我国迎来了经济发展的新机遇，这在客观上为国内艺术设计提供了更大的市场需求。

当然，在迎来新机遇的同时，也面临新的挑战。经济的快速发展，创造了大量的社会财富，进入 21 世纪，随着消费者财富的积累、物质的丰富、修养的提升和对审美的追求，其对企业和商品的要求与选择标准也越来越高。消费者不仅希望企业产品有好的质量，而且希望所选购的产品有好的品牌形象和文化品位。可以说，21 世纪的商品市场竞争是企业品牌形象的全方位竞争，而竞争的原则就是"以消费者为中心，吸引和争取消费者，达到最理想的销售结果"。国内外企业在国内市场的竞争异常激烈。与此同时，国内外企业也都将品牌视觉形象设计视作提升竞争力的有效手段，从报纸到杂志、从电视到网络、从标志到包装、从广告到整合营销，品牌形象设计的功用被不断放大。

随着品牌形象设计业务的持续增长，国内专业的品牌形象设计企业不断增多，从业人员的数量不在少数。与此同时，国外广告公司与外资广告公司等品牌设计策划机构也相继在国内站稳了脚跟。虽然国内品牌设计企业与国外广告公司、合资策划机构处于相互对立竞争的状态，并且各自在品牌形象的设计和运作方面也有不同的经验和模式，但恰恰正是这种竞争与不同，促使两者可以互相学习和交流有益的经验，由此国内的品牌视觉形象设计事业在 21 世纪真正迈向成熟。

（一）数字化、信息化时代的设计变革

1. 计算机作为新的设计工具日益普及

20 世纪 80~90 年代，艺术设计领域最大的变化之一是计算机被广泛应用于设计的整个过程中。首先，计算机的硬件得到了高速的发展，如美国苹果公司早在 1984 年就推出了用于平面设计的第一代玛金托什（Macintosh）电脑，其中包括专门针对平面设计开发的软

件，使版面编排和字体选择的快捷程度前所未有。因此，美国的许多平面设计师放弃了原本的手工辅助设计方式而选择了苹果电脑。后来，IBM公司也开发了个人计算机（PC），并不断进行硬件和软件的更新换代，仅短短几年时间就大幅提高了计算机运行的速度和软件使用的便捷度。一些专门从事软件开发的IT企业还专门推出了字体库软件、排版软件、照片处理软件、文字处理软件等，使艺术设计的效率大幅提升。例如，加拿大Corel公司开发的CorelDRAW Graphics Suite图形图像软件，就是一款可以用于标志设计、模型绘制、插图绘画、排版及分色输出的功能强大的软件，许多设计师用这款软件进行简报、彩页、手册、网页、产品包装、CI等的设计，在设计界得到一致好评。类似的还有Adobe公司推出的Photoshop、Illustrator、Pagemaker等软件，都是在品牌视觉形象设计领域最常用的软件。20世纪90年代后期，用于影视制作和动画特效制作的三维软件也逐渐被广泛地应用于品牌视觉形象设计领域，使设计风格呈现更加多元化的态势。计算机的发展和应用软件的开发不仅大大缩短了设计的时间，而且开拓了利用计算机进行设计创意制作的崭新天地。20世纪90年代末，在美国还出现了"数码媒介设计"，这是专门针对数码、多媒体、网页交互界面等领域开展的艺术设计类别。后来，"数码媒介设计"因为网络等新媒体平台的形成也被应用于品牌视觉形象宣传，并在品牌形象的视觉表现上取得了很好的效果。20世纪90年代中后期，国内设计师也已经普遍采用计算机进行艺术设计工作。

可以说，随着计算机硬件和软件技术的进步，艺术设计自20世纪90年代以来得到了极大的发展。这种技术上的进步缩短了以往冗长的劳动时间，加上同时期印刷业、摄影业、插图业等都引入了计算机，这让整个艺术设计的设计制作过程发生了翻天覆地的变化。特别是在文字、图形、图像的处理上，当今的计算机设计水平已经达到了难以想象的地步，可以毫不夸张地说，"只有想不到的，没有做不到的"。不过，在看到可喜成果的同时，也不能忽视隐忧的存在。正是由于计算机技术的进步提高了设计效率,设计师需要通过创新设计理念、挖掘技术潜力等来寻找提升设计水平的方法,观念和创意在设计过程中显得越来越重要。但事实是市场上不乏一些简单套用计算机设计模板,缺乏创意的设计作品。特别是在品牌视觉形象系统设计方面,套用现有模板,或者对一些成熟的设计作品加以改动、拼凑而成的设计大量存在,严重损害了商家利益,同时也是对消费者不负责任的表现。在其他的艺术设计作品中也经常能见到这种情况,如一些视觉传达效果欠佳的平面设计作品、粗陋随意的包装设计、视觉效果相近或雷同的标志等,在当今市场上屡见不鲜。分析存在的各种问题可以得出这样的结论,类似计算机这样的先进设计工具给艺术设计带来的结果喜忧参半。20 世纪 90 年代,欧美的大部分设计师认为计算机将取代手工,成为设计的唯一工具。而到世纪之交时,在西方设计界却已普遍出现了对计算机的优势和劣势进行辩证审视的情况,同样的情形也出现在 21 世纪的国内。不少设计师开始重新重视手工技法,寻求将手工技法、传统表现形式与计算机相结合的设计方式,借此让缺乏人情味的计算机设计得到视觉上的亲切感。所以,当代艺术设计界所面临的一个共同问题就是如何更加合理地运用计算机,如何突破计算机设计模式化的单调手法,达到更加有品质的设计效果。如此说来,计算机为新时代的艺术设计开辟了一个崭新的发展途径,但如何在这条路上走得更快、更好、更远,则取决于设计师们的用心和努力。

2. 互联网时代的品牌推广与传播

计算机的出现使人类社会的信息处理方式发生了巨大变化,从根本上改变了现代社会的运作结构,同时也带动了一大批相关高新技术的发展。互联网的出现就是其中一项最为重要的高新技术。1989 年,英国软件工程师蒂姆·伯纳斯·李发明了一种网上交换文本的方式,创建了软件平台万维网,并于 1991 年公开亮相。同年,第一个连接互联网的友好接口在美国明尼苏达大学被开发出来。到 20 世纪 90 年代末,互联网已在世界范围内普及开来。随着互联网的发展，一个新的虚拟世界被催生出来，并且其丰富程度直追现实世界。许多社会活动和经济活动可以借由互联网展开，人们的交往方式也因互联网而发生了根本性的变化。互联网作为一种新媒介对21世纪的社会生活产生了巨大影响，"秀才不出屋，能知天下事"在网络化的信息时代得到实现，家庭办公、网上购物已成为当代人们生活的一部分。回想20世纪40年代，当电视机诞生时，电视广告逐渐代替传统信息传播媒介成为品牌形象宣传的有效渠道。因为电视的出现改变了人们对信息获取的选择习惯。现在，同样的情形也出现在网络媒介上。随着受众人数的飞速增长，网络很快代替了电视成为多数人获取信息途径的首选，并且科技的发展让人们登录网络的载体范围不断扩大，除了计算机，通过手机也可以很便捷地上网，可以说网络已经无处不在。在电影、电视盛行的年代，精明的企业家就已学会利用这些受众媒介来宣传和推广企业品牌形象，如SONY公司早在20世纪70年代就已经在电影、电视节目中植入自己的产品广告，推广品牌形象，收效甚佳。而今，互联网已成为继报纸、杂志、电影、电视之后的又一重要信息传播媒介，是艺术设计的新舞台。互联网拥有的难以预计的庞大信息资源、图文互动、高速高效的特点，以及巨大的经济潜力都对品牌视觉形象设计产生了巨大影响。

　　网络广告是企业产品通过互联网进行品牌形象宣传的主要途径。网络广告于1994年诞生在美国，三年后中国的第一则商业网络广告也投放使用。进入21世纪，随着互联网、电子技术的迅速普及与不断发展，网络广告已成为众多企业品牌营销宣传战略的重要组成部分。2020年是中国互联网营销突破创新之年，面对新冠肺炎疫情的冲击和重重困难，我国互联网营销不仅呈现极大的韧性，而且为抗击疫情、恢复生产、拉动实体经济提供了基础保障。

　　《2020中国互联网广告数据报告》显示，2020年，中国互联网行业克服全球新冠肺炎疫情的严重影响，互联网广告全年收入为4971.61亿元（不含港澳台地区），比2019年增长13.85%，增幅虽较上年减缓

4.35个百分点,但仍维持增长态势。小微、新锐广告主进入市场不仅填补了大品牌投入放缓的市场份额,而且支撑起互联网广告市场的两位数增长,为实体经济复苏开启了本土时代的新路径。

2020年,网络广告延伸至营销服务的倾向更加明显,中国互联网营销市场总规模突破万亿元大关,达到10457亿元。其中,非广告营销服务收入达到5494亿元,已超过互联网广告总收入。随着互联网营销模式的不断创新,互联网营销服务呈现多元化增长态势,为拉动实体经济增长走出了一条中国路径。

2020年,小微、新锐广告主的广告投放增长50%,高于成熟品牌5个百分点。年度增幅超过10%的广告主中,小微、新锐广告主占39%,成熟广告主只占28%。这意味着小微、新锐广告主已成为支撑我国互联网广告市场的新生力量。

2020年,视频平台广告增速最快,较上年增长64.91%,达903.53亿元。其中,短视频广告最为抢眼,增幅达106%,远超长视频广告25%的增幅。快手不仅冲进2020年TOP10,还占据了第6的位置。在疫情防控常态化背景下,广告主对直接销售转化的期待更为迫切。2020年,电商平台互联网广告同比增长17.26%,较上年提升37个百分点。

2020年,电商直播带货营销成为零售数字化、电商突围的重要渠道。仅上半年电商直播就超过1000万场,活跃主播人数超过40万人,观看人数超过500亿人次,上架商品数超过2000万件。网络直播将营销重点从对"商品"的销售转变成对"人"的情感运营。

2020年,消费者对各行业的需求随新冠肺炎疫情的出现而表现出不同的弹性。其中,疫情推动人们对在线教育和医药健康的需求增长,因此这两个行业的广告增幅最为显著,分别达57.1%和40.28%。与此相反,金融保险与旅游/娱乐/休闲则分别表现出46.43%与28.65%的降幅。

从艺术设计的角度看,网络带给人们不同的感官上的刺激,以图、文、声、像的形式传送视觉、听觉的信息,网络广告则使消费者能够更加真实地感受到商品和服务，更好地将品牌形象传递给消费者。网络的迅速普及使品牌视觉形象设计从以二维静态表现为主延伸至三维动态方式的传达，从单一媒体表现转向多媒体同时表现。受众在网络上可以借由多角度的感官来感受耳目一新的品牌视觉形象传达形式。当品牌视觉形象元素被加入声音或者其他多维度的感觉并以动态方式传播出去时，对于品牌视觉形象设计而言，绝对是一个巨大的飞跃。

随着计算机、网络、数码技术的日渐成熟，人们已经步入了信息技术时代，社会生活也逐渐趋向于信息化发展。人类的每一次技术进步，都会带来设计活动上的变革。数码技术作为这个时代最重要的视觉技术成果，正将视觉艺术设计引向一个更加宽广的领域。当下的视觉艺术设计已不再像以前那样，在单一的视觉媒介上以单一的表现形式来设计，而是以整合设计的方式，在一个交互的多媒体平台上展开设计活动，并通过多种观感效果来同时影响和感动受众，以获取最佳的传达效果。另外，互联网空间承载着多种非物质形态，如商业推广、博客、虚拟社区、游戏、传媒活动、教育学习等。在传统产业被迅速内化到互联网平台的同时，各种新的虚拟产业和虚拟产品也陆续被开发出来。虚拟产业和虚拟产品主要以操作界面为载体，如计算机显示界面、手机界面等，虚拟化的数字界面为视觉艺术设计开创了诸如网页设计、界面设计、交互式设计等新的视觉设计类别，这些都是新技术应用于新媒介后诞生的设计产物。迫于市场竞争的压力和企业发展的需要，越来越多的企业开始利用这些虚拟化的数字界面平台，在互联网的无限天地和广阔的受众市场宣传自身品牌与产品形象，这就使品牌视觉形象设计的范围再一次得到拓展。

同时，互联网的虚拟界面平台所衍生出的众多信息传播渠道也为品牌视觉形象的设计与宣传提供了难得的机遇。

3. 信息化时代品牌视觉形象设计的诉求转变

信息化社会的显著特征之一就是计算机的广泛应用和网络的普

及,这不仅影响了现代社会人们的生活方式,而且改变了设计师的工作方式。因此,设计的形式和内涵相比以前都在发生巨大变化。一方面,如前文所述,计算机技术的进步和不断升级的软件让设计师从以手工图绘为主的"冷兵器"时代的束缚中逐渐解脱出来。通过使用计算机软件,设计师能够在设计形式上发挥自己的创造力和想象力,这就使现当代的设计语言得到了极大的丰富。另一方面,在信息社会中,网络与虚拟社区、虚拟交互平台的出现,让人与人之间的关系有所疏离。面对面的现实交流方式有所减少,相应增加的是以网络和通信设备等方式进行的虚拟交流,这无疑强化了个人化而非群体化的生存方式,潜移默化地促使现当代的人们对设计的诉求发生转变,并且这种转变不仅是区域性的,在全球范围内也日趋明显。

在信息化时代,现代主义设计风格中那些千篇一律的设计形式显然已不能满足广大受众对设计的需求。早在20世纪80年代初,意大利的孟菲斯设计集团就以怪诞前卫、个性鲜明的产品设计成为当时"新风格、新文化、新创意"的代名词。除了产品设计领域,在品牌视觉形象设计上日趋丰富的设计语言和不断转变的设计诉求也有较为明显的体现。由 Michael Gals 和 Iris Utikal 设计的2000年德国汉诺威世界博览会的品牌标志可以说是独树一帜(见图3-9)。整个品牌标志设计使用了相似的图形元素加以组合,但没有固定的模式,非常抽象,具有很强的动感。该设计被誉为"会呼吸的标志",能够根据不同场合改变结构和色彩,在保持整体观感统一的前提下能够呈现不同的运动状态,与博览会的主题——"人类·自然·科技"不谋而合。汉诺威世界博览会的一系列看似生物结构造型的标志设计可以说是现代品牌视觉形象设计技术运用手段变化的重要标志,它为人们提供了一个全新的视角去欣赏和审视现当代的品牌标志设计。美国芝加哥学派代表人物路易斯·沙利文曾提出"形式追随功能"的观点,后来此观点成为20世纪现代主义设计风格的座右铭。而在科技发达的信息化时代,当功能已经可以很好地被满足时,消费者和受众的个性化、情感需求在现当代的设计活动中开始被不断放大，个性化、情感关怀逐渐成为现当代设计所关注的焦点，在塑造品牌视觉形象的设计活动中也尤为关键。在当今这个物质文明高度发达的时代，消费者购买的不仅仅是产品本身，还通过丰富多彩、与众不同的形式购买其中包含的品牌价值。

图 3-9　2000 年德国汉诺威世界博览会品牌标志

资料来源：孙绍君：《百年中国品牌视觉形象设计研究》，苏州大学博士学位论文，2013。

因此，在优秀的品牌视觉形象设计中，从品牌的标志到产品的包装，再到品牌网站的设计，无不力求凸显鲜明的品牌个性和品牌所蕴含的精神价值以及对消费者的情感关怀，正如德国著名的青蛙设计公司所坚持的那样——"形式追随情感"。

从青蛙设计公司为微软设计的用户界面可以看出，该公司很好地把握了大部分微软用户的情感需求，极富科技感、时代感的设计风格让微软的用户仿若置身于时代科技的前沿，在使用界面的过程中不仅满足了对功能的要求，而且给用户带来了心理上的满足感（见图3-10）。在这样一种使用体验过程中，配合微软的品牌标志等视觉形象信息的传达，很自然地让用户对微软这个品牌产生亲切感和认同感。可以说，正是许多类似这种细节的因素让一个品牌的形象深深根植于消费者的内心，这也正是品牌视觉形象设计的效用所在。

图3-10 微软用户界面设计

资料来源：孙绍君：《百年中国品牌视觉形象设计研究》，苏州大学博士学位论文，2013。

可以说，在信息化时代，品牌视觉形象设计已经不像从前那样仅仅依靠一个标志或几幅广告就能达到预期的品牌传播效果。在当今充斥着大量同质化商品的全球化市场中，影响受众消费选择的重要因素不再是产品的功能，而是一种文化心理因素。也就是说，人们往往会选择自己体验过、听说过，或者在广告宣传、媒体传播的驱使作用下与自身情感需求产生交集的商品。加上随着网络等平台的普及，当今媒体的覆盖面不断扩大，人们可以在借由数字、信息技术所创造的这种扩展性文化中享受提升自身能力以及支配自我和所在环境文化的乐趣。

在此过程中，人们无形地扩展了自身选择设计的权利。不难看出，在高度信息化和物质丰裕的时代，要想获得最优的品牌传播效果，品牌视觉形象设计的诉求转变可以说是必然的结果。试想一下，愈加宽泛的媒体覆盖面会带来更多的品牌传播途径，品牌传播的途径越多，品牌间的竞争就越激烈，品牌视觉形象设计中的鲜明个性、人文关怀以及所反映的企业文化等内涵就越重要。千篇一律的品牌视觉形象是不可能在激烈的竞争环境中脱颖而出且被人们所接纳的。

（二）消费社会背景下中国品牌视觉形象设计逐渐成熟

若论是什么让当今社会发生巨大变化，让人们的生活与往昔相比更具魅力，那么消费绝对是重要因素之一，特别是对文化、时尚的消费。这个因素可以说是品牌视觉形象设计不断成熟发展的主要驱动力。随着中国加入世贸组织、对外开放的进一步深化、所有制结构的调整等一系列有利于社会经济发展举措的实施，中国社会主义市场经济体制逐渐走向完善。经济贸易的大幅增长，促进了国民经济水平的整体提高。据统计，2020年，我国货物进出口总额为321557亿元，比上年增长1.9%。其中，出口179326亿元，比上年增长4.0%；进口142231亿元，比上年下降0.7%。[1] 人民生活水平较以往已有显著提高，人民大众的消费结构、消费心理也因此有所改变。

物质生活的富足和对生活品质的追求让广大消费者不仅关注商品的品质，而且关注商品的品牌和商品的设计，在要求商品具有好质量的同时，也要求商品拥有好的品牌形象和提供好的服务。

---

[1] 《2020年国民经济稳定恢复　主要目标完成好于预期》，中央人民政府网站，2021年1月18日。

这一系列变化都昭示出21世纪将是以设计为竞争力的新时代，在此背景下越来越多的国内企业开始重视设计，重视提升品牌形象。

与此同时，新媒体在21世纪初的强势发展，潜移默化地改变着文化的创造和传播方式，文化的多元化趋势更加明显，文艺创作的形式更加丰富，为当代设计师提供更多的灵感来源和更大的创意空间。本土品牌形象设计机构在21世纪头10年取得了更加成熟化和专业化的发展，在与国外同行竞争、合作的过程中积累了更多的经验，这些都是中国品牌视觉形象设计在21世纪不断开拓进取的重要力量。

1. 消费文化对品牌形象建设的影响

自改革开放以来，工业化发展为多样化的商品生产提供了条件，都市化的进程将大批乡镇人口集中到城市，聚拢了大批消费者。市场经济的逐渐成熟、蓬勃发展的服务型经济、人们日益旺盛的消费需求和不断提高的消费水平，以及新消费观念和模式的兴起，标志着一种新的社会形态正在我国逐渐形成，这就是消费社会。到21世纪的今天，消费社会的特征已表现得十分明显。依据法国社会学家让·波德里亚的观点，消费社会的物质、服务和财富有着惊人的增长并由此产生了大量的消费需求，富裕的人们不再像过去那样受到人的包围，而是受到物的包围。他还特别强调，在消费社会中，消费者与物（商品）的关系发生了变化，消费者不再从特别用途上去看待物（商品），而是从它的全套意义上去看全套的物（让·波德里亚，2001）。

根据波德里亚的观点，可以说消费社会中人们消费的不仅仅是一般商品的使用价值，更是在消费其交换价值，尤其是商品所传达的某种复杂的文化意义。而本书认为这里的"某种复杂的文化意义"包括商品所蕴含的品牌文化和品牌价值，也就是说，在当代消费社会的背景下，消费者所购买的不仅仅是商品本身，其所购买的更是品牌，人们通过消费品牌来建构认同。人们依据所购买品牌的商品和服务完成自我身份的确认与显现，商品不再只是一个客观的、自然的对象，其被赋予的品牌形象和价值具有区分功能的象征符号。人们通过消费不同品牌的商品和服务来追寻、确立并表明自己的社会地位，说明自己的社会群体归属，以区别于他人。而在这一过程中，品牌的视觉化形象设计就显得尤为重要，因为视觉化的形象有着复杂的、强有力的象征功能和符号表意功能，是帮助消费者识别、认购的最佳方式。正如英国学者唐·斯莱特在《消费文化与现代性》一书中所描述的，消费文化是一种消费行为的文化，在这种文化中，象征与符号变得越来越重要。商品的审美化不仅有助于认同建构，而且为商品的延伸和渗透创造了条件（唐·斯莱特，2003）。

品牌视觉形象设计所扮演的正是"象征与符号"的角色，它不仅是一个商品识别的审美化过程，更是商品和企业品牌形象通过媒介传播在消费者心里延伸与渗透的重要方式。因此，在21世纪消费社会的背景下，由于消费文化的影响，我国消费者对品牌的需求和渴望越来越强烈。消费者对品牌的态度，也让企业的品牌形象建设变得愈加重要，这一点在企业品牌视觉形象的设计和升级维护上表现得尤为明显。随着消费社会的发展，人们的消费观念也在不断地发生变化。现今的人们在消费时已不愿再被动地接受企业和商家的单方面宣传，也不满足于雷同的商品样式，而是更多地选择满足个性化需求的商品。按照美国心理学家马斯洛的需求理论，这应该是出于人们对自我实现需求的心理。另外，社会经济与文化的高速发展也促进了这种多样化消费需求的产生。因此，企业和产品的品牌形象必须独具个性和特色，才能吸引公众，才能通过鲜明的对比在众多品牌中脱颖而出。

2. 品牌视觉形象的更新

随着时代的发展，品牌形象也在不断变化。根据企业的经营状况和消费需求的变化，品牌形象也需要不断创新，以适应消费者的心理变化和企业发展需要。例如，韩国的LG集团在创始时期有两个品牌——一个是化工业的Lucky，一个是电子业的Goldstar。1995年，为了适应企业全球化发展的需要，Lucky和Goldstar进行了品牌重组，所诞生的企业新品牌便是现今人们所熟知的 LG。1997 年，LG 在世界市场上全面启用了新的品牌视觉形象，仿脸谱造型的品牌标志是以字母"L"和"G"为元素进行设计的，巧妙而简洁，令其品牌形象得到极大提升（见图 3-11）。

图 3-11　LG 品牌标志设计

资料来源：孙绍君：《百年中国品牌视觉形象设计研究》，苏州大学博士学位论文，2013。

可见，品牌要保持一定的活力，需要紧跟时代的步伐，根据需要及时对品牌形象进行更新和升级。

在国内，也有相似的案例，其中比较知名的是联想集团更换品牌形象。2001 年，国内 IT 界的领头羊联想集团提出 21 世纪的发展目标——"高科技的联想、服务的联想、国际化的联想"。而联想国际化发展的首要条件就是拥有全球通行的品牌视觉形象。但联想应用了 18 年的品牌标志"LEGEND"已在多个国家被抢先注册，于是推出新的品牌视觉形象势在必行。联想以新的品牌标志"Lenovo"代替了旧的标志，并且在最短的时间内，以最有效的方式将联想换标的信息和意义准确地传递给最广泛的公众，吸引了社会各界对联想品牌的持续关注，取得了空前的成功。新标志中的"Le"取自原先的"LEGEND"，有承继"传奇"之意，"novo"代表创新，整个新标志的寓意为"创新的联想"，很好地符合了联想集团的发展目标（见图 3-12）。

图 3-12　联想标志设计与更新设计

资料来源：孙绍君：《百年中国品牌视觉形象设计研究》，苏州大学博士学位论文，2013。

像联想集团这样的国内品牌冲出国门走向世界需要全新的品牌形象，而国外一些知名品牌进入国内市场同样也对自身的品牌标志进行了本土化的改良，希望借此更好地打开中国市场，树立良好的品牌形象，可口可乐公司就是其中的代表。作为风行全球 130 年的世界最大的饮料公司之一，可口可乐带给消费者的已不是一瓶饮料那么简单了，而是蕴含着极高的品牌价值和深厚的文化内涵。可口可乐早在民国时期就曾进入中国市场，改革开放后，可口可乐重返中国市场。当时所使用的中文标志是采用中国传统的书法字体元素设计的，厚重沉稳。但时过境迁，旧的标志显然已不能适应不断发展的市场需要，因此在 2003 年可口可乐公司委托香港著名设计师陈幼坚先生设计新的中文标志，并且大获成功。新标志的设计灵感来自英文标志中的斯宾瑟字体。陈幼坚先生对原英文标志进行了仔细而深入的研究，决定在设计中将英文原标志中斯宾瑟字体的图形特征与中文字体加以融合，目的是延续英文原标志的视觉亲切感，提升中文品牌标志的辨识度，增强受众对品牌的认同感。重新设计的标志体现了现代气息且富有动感，让人印象深刻（见图 3-13）。进行本土化的标志改良设计，是可口可乐公司开拓海外市场的一贯做法。除了中文标志，可口可乐公司还在世界其他国家和地区进行了标志的改良，都是利用了当地的文字元素，取得了良好的市场反响。

图 3-13　可口可乐新旧中文标志对比

资料来源：孙绍君：《百年中国品牌视觉形象设计研究》，苏州大学博士学位论文，2013。

3. 国内专业品牌形象策划服务机构日趋成熟

消费者不断更新的品牌观念和企业对品牌形象的重视，促进了国内品牌视觉形象设计的发展，然而还有一个不可忽视的重要因素也对品牌视觉形象设计产生了巨大影响，那就是本土专业品牌形象策划服务机构日趋成熟。从事品牌形象设计的本土机构早在20世纪80年代后期就已经出现，像当时设计了"太阳神"等知名品牌形象的广东新境界设计公司、获得第36届美国克里奥国际广告节平面设计银奖的广州白马广告公司以及黑马设计事务所等。但是，这些设计机构在品牌形象设计和运作方面在20世纪80~90年代仍处于发展和摸索的阶段，相较于在品牌运作上有着成熟经验的国外专业广告公司还有些稚嫩。但随着经验的不断积累，以及国外交流学习的频繁，国内广告公司的实力不断增强，特别是品牌形象设计策划机构的专业化、独立化发展，成为国内品牌形象设计进步的重要助力。这类设计机构并非传统意义上的广告公司，它们专注于为品牌服务，业务领域广泛，并且在品牌建设、品牌文化培养、品牌形象设计和品牌形象维护方面具有丰富的经验。以往国内设计公司在品牌运作与管理上缺乏经验，在这类机构身上这些弊端已经基本被克服。与此同时，它们还有着熟悉国内企业运作模式和为国内企业进行贴身品牌服务的优势，与国外广告公司的服务相比更具持久性和便捷性，在品牌形象设计水平上也不落下风。像北京的正邦品牌策略与设计公司、东道形象设计制作公司等都是这类机构的典型代表。下面以北京的正邦品牌策略与设计公司为例加以说明。

正邦品牌策略与设计公司（以下简称正邦）所奉行的是通过品牌创新策略、消费者体验洞察，为客户提供整体包装解决方案，注重的是让一致性的品牌体验在市场中得到落实，并以最佳的视觉表现体系展现出来，获得受众的认可和良好的市场反响。正邦的业务架构主要包括品牌形象识别系统设计、品牌形象推广传播、品牌形象整合营销三部分，这三部分又细分出了品牌命名、品牌视觉识别系统设计、品牌包装设计、品牌网络推广、品牌环境设计、广告设计和传媒营销等子领域，且可以根据客户需要在各子领域中单独提供服务，也可以提供从品牌孵化到品牌整合营销的整体化、综合性的全方位服务，具有较高的灵活性，能够很好地满足企业与市场的需要。鉴于以上种种优势，像正邦这种专业化、独立性的品牌服务机构在未来的国内市场将大有可为，其业务模式将成为国内品牌形象设计机构的主要模式，能够为中国品牌形象设计事业的腾飞贡献力量。

综上，在消费社会背景下，从消费者对品牌形象和品牌价值需求的增长，企业对品牌形象构建、维护、升级的重视，以及国内设计机构所取得的成果等方面来看，国内品牌视觉形象设计在21世纪头10年已步入成熟发展的轨道（孙绍君，2013）。

当前，我们正处于一个视觉形象过剩的时代，影视、广告、短视频、自媒体、招贴等各种视觉内容铺天盖地、席卷而来。在众多品牌形象的视觉表现中，有些品牌形象设计极具向心力，它们会抓取受众的眼球，使人们被它们所吸引，对它们产生关注；有些则无法在大众的心中激起波澜，即使出现在大众视野，也仅是一闪而逝。品牌形象设计作为品牌向外界释放信号、与外界对话的"语言"，具备品牌识别、信息传达、价值体现、情感体验与审美体验等多种功能，无疑是人们接受品牌表征的入口，但实际情况是，许多品牌形象设计并没有像设计者或品牌管理者想象的那样发挥应有的作用，枯燥堆砌的视觉内容、乏味无力的视觉展示，让人迫不及待地想抽离视线，导致品牌形象设计无效甚至起到相反作用，形成这种现象背后的原因或许是多样的。正如美国心理学家鲁道夫·阿恩海姆所提出的，每一个视觉事物都是一种显著的动力性事件，任何视觉式样都是力的式样，如三角形在视觉上具有向外扩张的侵略性，冷色与暖色相遇会产生强烈的冲突式运动力，等等。这些现象如此普遍，足以向我们证明视觉中存在力的式样。不同的视觉形象，绝不能简单地理解成是由不同的形状、大小、颜色界定的，其背后影响视觉认知的动力逻辑不可忽略（鲁道夫·阿恩海姆，1998）。

第四章
视觉形象视角下的农文旅品牌创建

有的设计家和理论家倾向于将设计的范围划分为"为了传达的设计"——视觉传达设计、"为了使用的设计"——产品设计，以及"为了居住的设计"——建筑与环境设计三大类。其中，视觉传达设计包括二维空间设计（如标志设计、字体设计、插图设计、招贴广告设计等）、三维空间设计（如包装设计、展示设计等）和四维空间设计（如舞台设计、影视广告设计等）（尹定邦，1999）。本书所涉及的农文旅品牌创建研究属于视觉形象设计与品牌营销的范畴，也就是说品牌视觉形象设计的有效性，是基于视觉传达之上的，而可视性、审美性、识别性是其主要属性。在古代，中国的自然经济环境已经孕育了原始的品牌视觉形象宣传意识，从原始的印信、铜镜的铭文到瓷器底部烧印的字号、仿单广告上印制的图文标记，都可窥见一斑。这些原始的印记所起到的不过是"物勒工名"的产品质量管理作用或是简单的商品区分识别功能，尚不能与近现代意义上为满足商品市场竞争需要而诞生的品牌视觉形象设计相比。显而易见，无论是中国古代的商业标记设计，还是近现代逐渐发展起来的品牌视觉形象设计，都是以视觉化为基础，在一定的视觉文化语境中产生和发展的。特别是近百年来品牌视觉形象设计更是受到视觉文化变迁的极大影响。

第一节 农文旅品牌视觉形象体系创建

农文旅品牌视觉形象设计是品牌形象构建中的重要部分,而采用视觉化的表现,特别是利用图形、图像的设计对抽象的品牌形象概念进行诠释,是近现代品牌视觉形象设计的主要形式,也是极为普遍的艺术设计活动。这种艺术设计方式对人类社会文化生活有着非凡的意义,尤其是在商业文化领域,展现了重要的功能和价值。

一 商业社会中的视觉消费与品牌形象

在视觉文化的背景下,视觉审美逐渐成为当今人们审美实践的主要方式。这种视觉化的审美趋向在当今的商业社会中表现得十分明显。随着商品经济在全球范围内的不断发展,消费社会的形成和消费文化的到来成为不争的事实。而在消费文化所呈现的诸多特征中,视觉消费可以说是最为显著的。

(一)"注意力经济"——视觉导向下的消费行为

美国学者迈克尔·戈德海伯在其1997年发表的一篇题为《注意力购买者》的文章中提出了"注意力经济"的概念,也可以解读为"眼球经济"。他认为,获得注意力就是获得一种持久的财富。在新经济下,这种形式的财富使人们在获取任何东西时都能处于优先的位置。财富能够延续,有时还能累加,这就是我们所谓的财产。因此,在新经济下,注意力本身就是财富(Goldhaber,1997)。戈德海伯的话从侧面反映了视觉化与消费行为之间千丝万缕的关系。首先,当代社会和文化所表现出的视觉化倾向,形成了一个"以形象为基础的现实"。其次,在这个"现实"中,经济活动越来越偏向于形象的生产、传播与消费,品牌标志、广告和种种视觉宣传形式随处可见，造就了一个"以形象为基础的经济"。最后，在这种"经济"形态中，人们的消费行为也越来越明显地受到形象的控制和影响，形成了"视觉导向下的消费行为"。这种"视觉导向下的消费行为"，从客观方面看，是各式各样的形象成为消费对象；从主观方面看，则是消费者的消费行为或隐或现地受到各种品牌及其形象的操控影响。这些现象都是现代商业社会中的真实写照，在发达的消费社会中，消费行为并不需要涉及经济上的交换。我们是用自己的眼睛来消费的，每当我们推着购物车在超市过道里上上下下时，或每当我们看电视，或驾车驶过广告林立的高速路时，就是在接触商品。显然，这里所强调的是视觉形象的存在极大地强化了消费行为的潜在性，也许不是针对具体时间、具体地点或者具体商品，但消费行为必定会发生，因为视觉形象已经将潜在的消费动机植入了受众心里。这说明，在以形象为基础的社会中，消费行为已广泛地发生在各个领域和地方，不再局限于传统的以交换行为展开的直接购物行为中。相比较而言，视觉消费的范围要比购物消费的范围更加宽广，并且在当今视觉文化高度发达的消费社会中，把握好视觉消费的脉搏才是精明的企业所重视的，因为"注意力本身就是财富"。

（二）视觉消费影响下的品牌形象

如何才能更好地利用视觉消费的特点来为企业创造实际价值？树立品牌形象是行之有效的方法之一。关于视觉消费的特点，英国学者施罗德曾说，视觉消费是以注意力为主的体验经济的核心要素。我们生活在一个数字化的电子世界中，它以形象为基础，旨在抓住人们的眼球并建立品牌，创造心理上的共知，设计出成功的产品和服务（Schroeder，2002）。可见，视觉消费从根本上说是一种体验性消费，消费过程中商品或服务不仅在生理上和物质上满足消费者的需求，更重要的是满足消费者的心理需求。因此，结合商业社会、商品市场竞争的需要与视觉消费的特点来看，企业要获得成功必须注重两个方面：一是要吸引消费者的注意力；二是要满足消费者的需求，特别是心理需求。而这两个方面，都与企业的品牌形象有关。树立品牌的视觉形象，以品牌标志来引起消费者的关注，这种意识在早期传统社会商业活动中便已萌生，在中国和西方社会中皆如此。中世纪西方的商业行会已经开始使用图形化的商业标记，而在中国古代则以匾额、楹联、招幌居多，主要以文字形式为商号间识别、区分的标记，图形化的标记至少自北宋时期就已开始使用，但不及文字标记普遍。西方近现代意义上的品牌标志诞生于18世纪中叶商标立法以后，并在产业革命发生后的19世纪随着商品经济的发展开始普及。中国近现代意义上的品牌标志则始于19世纪末。经过一个多世纪的发展，到今天，形形色色的品牌标志不仅充斥着全球商品市场，而且充斥着世界各个角落，几乎随处可见，成为商品市场竞争的"常规武器"。2010年3月10日，由法国Autour de Minuit出品，获得第82届奥斯卡最佳动画短片奖的《商标电影》（Logorama），以一种很形象的方式说明了品牌视觉形象对当代社会生活的影响。在这部7分钟的短片里，所有的视觉元素，包括楼房、汽车、河流、人、动物、植物等，都是由造型各异的近200种世界知名品牌标志图形构成的，毫不夸张地说，简直是一个世界品牌的小型博览会。影片中汽车追逐、枪战、人质危机、野生动物大闹城市等场景，都形象地说明了品牌无处不在。可以说这部短片不仅展现了品牌的全球化趋势，而且反映了品牌在当今社会生活和商业活动中的地位和价值。

  优秀的品牌视觉形象是一个成功企业的名片，可以说是跨向成功的第一步，但是品牌仅有视觉形象显然是不够的，还需要有优质的品牌服务做保障，才能真正达到视觉消费下的理想效果，赢得消费者的认可与支持。在视觉导向下的消费行为中，消费者的"看"或许并非简单浏览，也可能表现为一种感知的范式。法国社会学大师布尔迪厄曾指出，消费是交往过程的一个阶段，亦即译解、解码活动，这些活动实际上以必须掌握密码或符码为前提。在某种意义上，人们可以说，看的能力就是一种知识的功能，或是一种概念的功能，亦即一种词语的功能，它可以有效地命名可见之物，也可以说是感知的范式（Bourdieu，1984）。不同的消费者有着不同的社会地位、心理需求，因而有不同的消费眼光，由于个人审美经验、人生阅历的差异也会有不同的消费品位。品牌所提供的服务或代表的产品质量势必需要针对不同的消费者给予不同的定位，同时品牌的服务和质量需要传达出某种认同归属和追求优越的心理体验与满足，这样才能真正吸引那些定位相同的消费者。而现代着力于品牌宣传的大部分广告其实都起着相似的作用，即塑造和强化不同消费群体的审美和消费品位，以此引导消费者形成特定的视觉判断力和选择方向，在赢得消费者认同感的同时，满足其实现自我价值的心理需求。只有这样，才算是真正把握了视觉消费的特点，实现为企业创造价值的目的，也才真正发挥出了品牌形象的功用。正如英国社会学大师齐格蒙特·鲍曼所言，视觉消费实现了使消费者的购买行为具有良好形象，并且使他人相信自己就是那种具有良好形象的人（齐格蒙特·鲍曼，2002）。也就是说，要让消费者在选择和拥有某品牌消费品，或享受某品牌提供的服务时，能够同时获得品牌中人为设计的那些附加的象征价值。

二 品牌形象视觉化构建的必然性

如前文所述，视觉审美是人类审美活动的主要形式，而在视觉文化背景下的消费社会中，视觉消费又逐渐成为人们消费行为的主导，种种因素都昭示出以视觉化的形式对品牌形象进行设计的必然性。在视觉化文化的语境中，图形、图像显然最具直观性和感染性，对信息的传达效果也最好，这也是为什么在视觉传达设计中图形、图像的运用总是占据明显优势。我国古代社会商业活动常以文字形式为品牌形象识别的主要方式，但也有采用图形、图像的方式进行设计的例子，而且至少可以追溯至北宋时期，比西方中世纪时在商业行会中出现图形、图像商业标记的时间还要早一些。可见，以图形、图像为品牌视觉形象设计的主要形式，在世界各国早已形成了默契。

(一) 对"图"的概念的解读

图，在汉语中的含义非常丰富，考查之下至少有八种：一是指计议、谋划；二是指设法对付、谋取；三是指绘、画；四是指所绘之画；五是指地图；六是指河图；七是指法度；八是指地方区划名。本书所说的"图"，是指所绘之画。英文中"图形"一词的表达是"graphic"，它源于拉丁文"graphicus"和希腊文"graphikos"。其含义是：由绘、写、刻、印等手段产生的图画记号，是描述性或说明性的图画形象，它有别于词语、文字、语言的视觉形式，可以通过各种手段进行大量复制，是传播信息的视觉形式。由此可以清楚地看到图像、图形在表意、传达方面相较于其他视觉形式所具有的明显优势。而在中国古代也有关于图形、图像象征性传达特点的论述。《周易·系辞·上》提到"言不尽意"和"立象以尽意"的观点，指出概念化的自然语言在传达意义上是有局限性的，但运用形象手段来表达，则可达到"尽意"的效果。若将中西方的论述加以综合，则可给予图形、图像一个简单而概括的基本定义：图形是由点、线、面和色彩等构成的，在观察者看来是表达一定含义的符号。

(二) 以图形、图像构建品牌视觉形象的优势

将图形、图像作为构建品牌视觉形象的基本元素，有其内在和外在的必然性。从图形、图像的内在特性来看，相较于词语、文字、语言等其他传达形式，它有着明显的优势。

首先，图形、图像具有直观性、具体性，相比文字，它更形象、更直观，其所包含的信息往往是文字难以全部表达的，但通过图形或图像可以把这些信息生动地表现出来，使受众获得直观的印象。其次，图形、图像具有共通性。图形、图像作为一种国际性的视觉语言，不受任何限制，不同民族、不同时期、不同地域的人们都

可以利用图形来进行交流。而文字、语言则不行，不经过学习，中国人就不认识外国文字；不经过学习，现代中国人也不认识古汉语；即使在现代，不经过学习，任何人也不可能掌握本民族正在使用的文字。但是，图形可以超越民族、时间和空间的界限，超越不同文化层次的界限。正因如此，很多民族以图形来传承生活知识、交流劳动经验。历史上可能存在没有文字的民族，但不可能存在没有图形、图像的民族。再次，图形、图像生动鲜明，识别速度快。图形、图像的表现手法灵活，而且目光一瞥就可以把握形象传达的整体信息。例如，有一组汉代的画像砖就非常生动、形象地表现了两汉时期我国古代劳动人民狩猎、收获、宴乐和市场交易的场景，非常直观生动（见图4-1）。虽然文字的识别速度也很快，但这种识别需要依托一定的语言文化基础，有局限性。最后，图形、图像具有感染性。利用超现实的或者夸张的手法，图形可以将现实事物某一方面的特征凸显出来，达到意想不到的感染效果。

图4-1 汉代画像砖中的场景

资料来源：孙绍君：《百年中国品牌视觉形象设计研究》，苏州大学博士学位论文，2013。

从这些内在的优势不难看出，以图形、图像的设计来构建品牌的视觉形象是最为理想的方式。另外，随着视觉文化的发展、科学技术的进步以及商品市场竞争的日益激烈，这一系列的外在因素也决定了品牌形象通过图形、图像，甚至影像的视觉方式进行构建的必然性。随着视觉文化的飞速发展，读图时代来临，在社会发展的进程中，日益凸显的图像霸权地位，决定了视觉化是品牌形象设计最直接、最有效的方式。受众通过视觉接触，可以与品牌建立逐渐深入的认知关系。像品牌标志、广告宣传等图形、图像甚至影像化的视觉构建形式，对当今的品牌宣传和发展是必不可少的。

加拿大传播学家麦克卢汉曾做过一个经典的实验，旨在探明何种媒介对受众影响最大。他将学生分为四个实验组，并让每个组通过一种媒体渠道获得内容相同的信息。第一个小组直接阅读，第二个小组在演播室里聆听演讲，第三个小组听广播，第四个小组看电视。随后，麦克卢汉安排了测试，以评估不同媒体渠道的信息传递对受众的效果。结果，看电视的小组效果最好，其次是听广播的小组，接下来是在演播室聆听演讲的小组，阅读小组的效果最差。从这个实验中不难看到视觉化的优先地位和突出功能。与此同时，麦克卢汉还观察到科技进步所带来的图像革命让人类文化从个体理想转向了整体形象，"照片和电视诱使我们脱离文字的和个人的观点，使我们进入群体图像的、无所不包的世界"。麦克卢汉的观点在广告图像的发展历程中得到了印证。广告图像的发展经历了几个不同的阶段：最初是印刷图像，以及照片的印刷；后来是运动的图像，如电视广告的出现；现今是网络虚拟广告图像。从广告的发展来看，可以很明显地察觉到几个趋势：一是图像越来越具有吸引力；二是由于图像技术的进步，图像越来越容易接近，进而使得视觉消费变得便捷；三是广告图像所传递的意义越来越复杂，从简单地介绍商品转向了一种意义结构的建构。

综上所述，通过图形、图像甚至影像等视觉化的形式来构建品牌形象，一方面是由这些视觉化形式的内在优势所决定的，另一方面是受视觉文化发展、科技进步、审美方式转变等外力驱使的结果（孙绍君，2013）。

三 农文旅品牌视觉形象设计范畴

品牌视觉形象设计日益成为当前品牌战略个性化的主要组成部分。面对国际市场，中国农文旅产品如何走出自己的形象之路是当前面对的重要问题。品牌视觉形象设计的有效建立需要从品牌定位的战略角度出发，通过科学的调研、分析以确定品牌的名称，从而进行视觉化的设计表现。品牌视觉形象设计的范畴包括品牌的定位、品牌的命名以及品牌的设计。品牌视觉形象设计从宏观角度精准地诠释农文旅品牌的核心价值，唤起目标消费者的情感共鸣，而设计师的任务就是将抽象的具有象征性的品牌核心概念创造性地表现为系统的视觉符号，从而达到信息传达的目的（常静静，2010）。

第二节 与农文旅品牌视觉形象创建相关的设计体系和门类

一 符号体系的构建

我国农文旅产品起源于传统农业，而符号学理论与方法可以尝试运用于利用传统图形表达传统农业文化的分析研究中，以探究利用图形传达传统农业文化的意义、发展规律，探寻具有时代特征的符号价值体现。人类是符号的创造者，符号现象的出现与人类的历史一致，有符号的地方必然有人类活动。信息的沟通与交流基于人类成员之间认同的符号系统，这个符号系统在历史发展中大致经历了语言时期、文字时期、电子时期三个阶段。马克思认为，民族是人们在历史上形成的一个有共同语言、共同地域、共同经济生活以及表现于共同文化上的共同心理素质的稳定的共同体。① 共同语言是保证人们交流和沟通的工具，是形成民族的重要基础，语言是人类最早创造的符号之一。其实，在语言时期之前应该还有一个动作时期，在人类还没有形成完整的语言符号系统时，动作符号起着重要的交流信息的作用。时至今日，虽然动作符号在使用范围上不如语言符号系统，但其依然是人类符号系统的重要组成部分。目前人类社会的符号系统分为语言符号系统和非语言符号系统两类，动作符号属于非语言符号系统。手势符号也是一种非语言符号，是人类最爱运用的动作符号的一种，也常被借用于品牌视觉形象系统中。

目前人类在进行信息交流和传播时，往往不局限于某种符号系统，经常是多种符号的混合运用。例如，2008年，福州市委文明办、市公安局、市交通局、市运管处及市公交集团共同将"握拳竖拇指"手势确定为斑马线上礼让手势（见图4-2），司机开车过斑马线，见到有行人伸手握起拳头竖起大拇指示意时，要赶快减速慢行或停车让行，因为这是要过斑马线的行人发出的信号。同时，福州还将在一些重要位置设立该手势标志牌，并进入学校、社区推广该手势。再如，第七届全国残疾人运动会的品牌视觉标志图形以手语"7"、盛开的茶花、体育圣火为核心图形元素（见图4-3）。手语"7"是"第七届"的直观表达，茶花则指明运动会的举办地——鸟语花香的"花城"和"春城"昆明市。在这个品牌视觉标志图形中既使用了动作符号也使用了视觉符号，两种符号信息集中充分地体现了残疾人自强不息、顽强拼搏的精神风貌，体现了更高、更快、更强的体育精神。

符号是一种具有"指示"功能的象征体现，是将现实中事物通过媒介传递"解释"或"意义"的过程。传统图形是一种符号，品牌标志图形也是一种符号，都是一种结构性的社会制度和价值系统，是一种历史的约定俗成，人们如果想进行交流就必须遵守它。法国"结构主义"的代表人物克洛德·列维-斯特劳斯所提出的"结构"，

---

① 《斯大林全集》（第二卷），人民出版社，1953，第294页。

图 4-2　福州斑马线上礼让手势

资料来源：陈恭璋、夏雨晴、黄孔瑜：《斑马线前不礼让　全省将开罚》，《海峡都市报》2015 年 6 月 30 日。

图 4-3　第七届全国残疾人运动会品牌视觉标志图形

资料来源：《中华人民共和国第七届残疾人运动会》，百度百科。

是人类行为的提炼和凝聚，他认为看似分离的文化和创作有着内在的一致性和可综合的可能，这也是品牌视觉形象设计可以从传统图形中获得启发和灵感的理论内因之一。传统图形是古代人们的符号认知，品牌视觉形象系统是现代人的符号实践，它们都是由一定数量的不同符号元素组成的，每个符号的价值意义都是通过与其他构成符号相比较而获得的。中国传统图形是一种非语言符号的应用，其中包含对中国全部历史文化发展的记录。对传统图形的研究是艺术符号学的分支，是跨学科符号学的发展。符号学理论必须结合具体文化对象才能体现出其特性，具体文化对象会对符号学理论进行检验和发挥。符号学在人类思想史发展过程中始终扮演重要角色，它作为跨学科方法论，正在成为当代社会人文科学认识论和方法论探讨的重要组成部分，其影响涉及一切社会人文科学。符号学作为普遍语义学或文化逻辑学，正成为文化理论和比较文化理论的基本方法论之一，其影响直接关系到东方文明传统现代化的问题（李幼蒸，1999）。传统图形的符号学研究是探讨图形形态的符号象征意义如何由人类长期历史活动中的符号思维所塑造，并如何通过造型、色彩、材质等层面向外传递意义信息。对传统图形的符号意义进行解码，需要参照其存在环境，除传统图形造型本身所阐释的符码含义，即形态心理感受外，还要传达出图形或柔或刚形态背后的或高贵或清廉的象征意义。如民间剪纸"鹿鹤同春"，鹤即"玄鸟"，玄鸟是"候鸟"的总称，而在民间"鹿"也称为"候兽"，"鹿"与"禄"又同音，因此"鹿鹤同春"是春天和福禄长寿的象征。这种符号象征寓意是在社会生产力较低的情况下，人们为了保证劳动生存的能力，祈盼摆脱疾病和死亡的痛苦，所以将这种符号象征寓意以各种形式表达出来，对生命的崇拜成为人们虔诚的信仰。"鹰踏兔"传统图形中的鹰因与鸡、鸟、鸦一样都有"太阳"之意，而"三足鸟"是"阳"的代表，兔为"阴"（月为兔）。所以，"鹰踏兔"象征了美好的男女之情爱，是对生命繁衍生息的崇拜与追求，与生殖崇拜有关的"扣碗""抓髻娃娃""鱼唆莲"等都体现了符号的外延意义。中国传统图形既有民间的也有民族的，既有宗教的也有皇家的，但无论是哪种图形，都与特定的使用功能结合在一起，无论是建筑、绘画、雕塑、手工艺等多种表现形式，还是图腾、巫术、政治伦理、民俗吉祥图形等呈现结果，都是为满足一定的需求而配合的，这便是传统图形符号的外延意义，是符号意义的直接体现（张晓东，2010）。

二 农产品形象塑造中视觉传达的主要应用方式

（一）文字标识的应用

文字本身可被视为简化的图形图案。以文字为核心的视觉表达能够以一种比较直接而快捷的方式将品牌内涵传达给受众。例如，曾经一度席卷全球手机市场的诺基亚公司所用的广告语"Connecting People"（科技以人为本）以及钻石品牌巨头戴比尔斯公司所用的广告语"A Diamond is Forever"（钻石恒久远，一颗永流传）都是优秀文字表达的典范，无论是原版的英语运用还是后来中国市场所采用的本地化翻译，皆以简短的表达成功地向消费者展示了品牌背后企业的立身之本和价值核心所在。在利用一种文化所孕育出的文字向不同文化和语言背景的受众传达信息时，需要以翻译的形式对其进行本地化，这对翻译文本的质量提出了极高的要求，若本地化的翻译不能较好地还原其本意，品牌和消费者之间的沟通效率便会受到影响。因此，在跨文化、跨地域的情境下，应用图形、图案作为品牌形象宣传的先导反而更加能够提高视觉交流的效率（任悦，2008）。

文字标识创意有三个要求：口语化、价值化、行动化。

口语化。文字标识要通俗易懂、朗朗上口，要适合口语表达。例如，横县茉莉花的"好一朵横县茉莉花"创意被业内人士誉为"价值一个亿"。

价值化。文字标识要兼顾地域价值和消费价值，并能够极简极致地传达。例如，兴安盟大米的文字标识"东北上游，净产好米"，将兴安盟大米的区域价值"东北上游"和消费价值"净"简单直接地传达到位。

行动化。文字标识要具有指令性，使受众听到后就想行动。例如，福来战略品牌咨询机构为盱眙龙虾主体企业品牌盱小龙做的"龙的传人，爱盱小龙"文字标识创意，一下子就让国人产生共鸣，有吃一次的冲动。

需要强调的是，由于区域公共品牌面对的人群和承担的使命不同，文字标识最理想的方式是传达出"地域价值+消费价值"。

（二）图像识别

人类社会的发展经历了从最初对神灵的顶礼膜拜到对图腾的认识与敬畏，这是人类文明发展过程中的重要环节，因为人类有了对图腾的认识与敬畏，人类文明便迈上了一个台阶。在人类社会形成的初期，交流方式以图形、图案为主，可以说这是具有普适性的一种表达方式，能够跨越种族和地域的局限。这一点相较于文字有很大的优势。所以，图形、图案的运用在使一个品牌形象更加丰富的同时，也让品牌的跨文化和跨种族传播得以实现，无形中增强了品牌形象的国际适应性（Stiny，2008）。

1. 品牌图腾的内涵

农文旅品牌源于农业。无论是美国西部牲畜身上的印记，还是欧洲地窖里酒桶上的标志，抑或是我国良渚时期陶罐底部的符号，都说明品牌萌芽于农业图腾，是人类早期文明的典型代表。

品牌图腾是一个品牌独有的灵魂、气质和形象的载体，能够让品牌具有核心识别性，显著区别于其他品牌，且难以模仿和复制。

品牌图腾是品牌视觉体系中最核心的要素，是品牌外在化最重要的表现，能够让人一眼记住，能够让消费者直接、鲜明地感知到品牌形象和价值差异。

（1）对内要鼓舞士气，对外要抢占消费心智

一个令人崇拜的品牌图腾可以抵得上千军万马。区域公用品牌图腾要基于产地文化，要形成自带流量的IP，与消费者产生互动。如中国广西南宁横县的茉莉花仙子（见图4-4）。

图 4-4　横县茉莉花仙子

资料来源：李振兴、韦立锋、覃秋梅：《横县茉莉花品牌战略新闻发布会在南宁举行》，横州云网站，2019 年 4 月 10 日，http：//hxrmt.nnnews.net/p/1629.html。

（2）要能吸引眼球、传递价值、沉淀资产

营销的核心是沟通，沟通的关键是抓住眼球，先入眼再入心。首先，品牌图腾要能吸引眼球，在众多品牌中能跳出来。其次，品牌图腾要能传递价值，而价值就是购买理由。产品会换代，内容会过时，但品牌图腾是永恒的。最后，品牌图腾的每一次使用都在为区域公用品牌"存钱"，为品牌沉淀资产。

（3）不仅仅是视觉，还要激活更多的感官

品牌必须转换一种感官体验，不能仅是我们看见的视觉图腾。人类大脑至少有 5 条轨道：图像、声音、嗅觉、味觉和触觉。你的品牌信息侵入的轨道越多，你的记忆就越丰满。多个感官的结合能创造出一种多米诺效应。对于区域公用品牌，必须找回更多被忽视的感官（娄向鹏，2019）。

2. 品牌图腾创意的"四五法则"

（1）四个角度

文化资产。文化无国界，文化易共鸣，更具公信力。一首歌、一个字、一个人物，都可以成为图腾创意的抓手，并且屡试不爽。如福来战略品牌咨询机构为横县茉莉花挖掘的"茉莉花文化"。

品牌名称。从品牌名称发端创意图腾，很直接且易记忆。如日本男前豆腐的"男"。

品牌价值。价值图腾化，能直接传达消费理由，达到一定的功效。如兴安盟大米的"米中净界图"。

行业属性。消费者在购买产品时，先有品类，再有品牌，从行业属性切入易产生关联性。如美国吉尔罗伊大蒜图腾、中国陕西武功县的"武功小子"猕猴桃。

（2）五种表现形式

颜色。不同的品类，具有不同的特性。红的激情，绿的健康……颜色成为品牌图腾第一视觉表现形式。

图形。读图时代，图形最容易让人记住。文字需要翻译，但图形无国界。福来战略品牌咨询机构为盱眙龙虾大米设计了"虾稻共生图"，一穗水稻与一只龙虾构成和谐的太极图，将虾稻互利互助、和谐共生的理念传达得淋漓尽致（见图4-5）。

图4-5 虾稻共生图

资料来源：娄向鹏：《农产品区域品牌创建之道》，中国发展出版社，2019。

卡通。卡通形象专属性高，可以与品牌高度关联。最典型的代表是日本熊本县的"熊本熊"，呆萌的形象在日本乃至国外受到了超乎想象的欢迎，成为在世界上拥有极高人气的吉祥物（见图4-6）。美国《广告时代》杂志评选的20世纪十大品牌形象中，有8家的品牌图腾是卡通形象。

图4-6　熊本熊形象

资料来源：《熊本熊换新LOGO！　45个新设计！　14个是LOGO！》，网易，2019年4月29日，https://www.163.com/dy/article/EDU3DR8K051986PN.html。

产品。产品是与消费者最直接的接触点，也是最能够被利用的媒介。美国爱达荷土豆基于产品形态创作了可爱风趣的"土豆先生"，在各个接触点广泛应用，受到了广大消费者的喜爱。

人物。人物往往代表一个阶层、一种生活方式、一种文化象征。益都（今山东寿光）籍农学家贾思勰被尊为农圣，其著作《齐民要术》被认定为世界农学史上现存最早、最完整的大型农业百科全书，是中国农耕文明的重要起源。寿光蔬菜挖掘了贾思勰的故事并将其打造成品牌图腾。

三 景区品牌视觉形象设计的基本原则

品牌通过含有目的信息的特殊视觉符号进行宣传，结合第一产业（农业），触动消费者的神经，消费者通过对视觉符号的接收、分析、反馈，对品牌进行选择，最终导致消费行为的发生。品牌视觉形象是消费者首先接触到的，是影响消费者进行消费选择的重要因素。目前，大部分景区的品牌视觉形象趋于模式化，缺乏创新性。因此，必须明确品牌视觉形象的设计原则。品牌视觉形象的设计原则能够帮助设计者们快速地找准设计方向，了解设计重心。

（一）注重地域性

基于农文旅融合的视角，在倡导和进行品牌创新设计的过程中，需要找准定位，重视景区的地域性及特色，充分发挥景区的差异性优势，坚持地域、真实、整体、有效等元素相结合的基本设计原则。景区若没有了地域民族文化底蕴的支持，就很难在旅游产业中长久生存。素有"亚得里亚海明珠"之称的意大利威尼斯是一座美丽的水上城市，景色风光、城内古迹组成了风景如画的历史古城，在这里，所有的景色都与水分不开。清澈的水、古色古香的桥与"贡多拉"（古老的游览船）共同组成了独具文化特色的威尼斯；时尚的艺术与保守的文化相融合、现实主义与浪漫主义相融合，产生了微妙、特殊的变化，共同构成了"浪漫之都"巴黎。

人们对不同地域的好奇与求知是促使人们的旅游行为发生的一个主要原因。景区的自然景观或者社会文化等与游客所在地区的差异性吸引消费者前往景区观光游览。应深入了解景区所在地域的文化、地理、民俗等特征，将其提炼与升华，应用于景区品牌的视觉形象设计中，由此增强景区的吸引力，满足消费者的精神需求，通过地域文化在视觉图形符号中的表达，传播景区的精神，最终实现满足游客需求与提高经济效益的双赢局面。

(二) 注重真实性

真实性是品牌形象设计最基本的原则。旅游经营者要向大众传播和宣扬景区真实的信息，景区的品牌宣传要真实，要与其风景、产品、服务相符合，将客观情况作为宣传的依据，不可夸大宣传，不可弄虚作假。要将景区最真实的面貌呈现在游客面前，同时宣传产品或者服务的视觉设计也要传达出景区的真实形象。因此，在进行景区品牌视觉形象设计的过程中，可以用写实的表现手法将感性的完美与客观的现实结合起来，在视觉符号上通过美学手法将色彩、字体、符号表现出来。景区的品牌视觉形象不能太感性化，要将景区的真实事物、景观通过描绘与刻画，呈现自然并富有细腻变化的视觉形象，当然，过分追求复杂化也是不可取的。

(三) 注重整体性

整体性是指事物的各个要素相互联系，从而构成统一的有机体，整体性如果散失，就会引起事物的瓦解。而设计的整体性，是指针对一个单独的对象或者形态，通过设计赋予其生命力，使其集合、统一成一个有特色的且具有视觉冲击力的整体形象。

在景区品牌视觉形象设计中遵循整体性原则，可以使受众直观地感受到景区统一系统的视觉印象，形成对景区的整体印象，从而加快信息传播的速度，甚至可以使消费者成为品牌传播的载体，进而拓展宣传的广度和维度。要达到视觉形象设计的整体性，实现景区品牌的规范化，需要采用简化、统一、系列等多种方法对其进行整合设计。首先要对景区的内容进行提炼，在满足宣传与推广的情况下使品牌系统条理清楚、层次简明。在此基础上，将设计的风格与元素保持在同一程度，采用系统的、标准的形式，进行系列化的处理。视觉形象设计完成之后，不能轻易地改变，以此来保证传播的统一性。整体性原则的应用能够增强景区形象的传播力，以此为支撑，获得更多的游客资源。

（四）注重差异性

如今，我们的生活中出现了各种品牌，在这个信息与媒介高度发达的时代，品牌在很大程度上能够帮助我们做出是否消费的决定。作为消费者的我们经常要在很多时候做出很多种选择，这时，品牌的鲜明特征、文化背景、色彩和外观就显得极为重要。我国的景区品牌众多，要想在众多的景区品牌中崭露头角，与众不同的特色是不可缺少的，也就是要注意品牌视觉形象的差异性。

品牌的差异性是消费者对品牌进行有效识别并进一步产生消费的前提条件，在品牌视觉形象设计过程中，视觉形象符号必须突出行业的和机构的特点，突出与同类型其他景区的差异。在视觉形象符号的设计上可以适当使用夸张的手法强化或者弱化景区的某一特点，从而塑造景区截然不同的品牌形象，让其在众多旅游地中独树一帜，提高景区的知名度（李源雨，2014）。

四　地域农产品包装设计规划

（一）地域农产品品牌

政府、行业协会及合作社的引导，企业的设计规划，基层农户的收益要求，以及消费群体的反馈仅是优秀地域农产品包装"诞生"的导向与设计创意的基石，而设计任务的最终"执行者"是设计师，由于农产品的独特性及生产企业规模偏小，农产品品牌形象设计需要设计师投入较大的精力，且获得的回报常低于一般商品品牌形象的设计，所以设计行业对农产品品牌形象创建的热情普遍不高，导致地域农产品包装的整体设计水平较其他商业设计偏低，包装附加的市场竞争优势不足。为解决此问题，政府可牵线建立"企业+高校设计团队"模式，倡导企业与高校设计院系展开合作，整合资源优势，这样既能节省设计成本，又能保证设计的专业性，具体途径如下。一是由企业提供设计所需的硬件设施和软件设施，成立高校设计实践基地，鼓励高校设计团队全面参与公司的设计策划或决策，深刻理解企业文化及品牌发展方向。二是设计院系应成立由专业教师负责的设计团队，吸纳院系具有专业背景的优秀学生，构建"导师+学生"的团队模式，以"企业品牌设计"为研究课题，全方位展开包装设计的调查、研究及设计工作。此模式相得益彰，既可在一定程度上缓解地域农产品包装设计人才匮乏的现状，提升企业农产品包装的水平，又可为高校院系提供"理论+实践"教学成果的展示平台，便于及时发现教学问题，完善设计教学体系，引导学生在"商业实践"中真正提高设计水平。

按照政府、企业等品牌建设主体职能和分工的不同，可将地域农产品品牌划分为地域品牌与产品品牌，便于有针对性地制定品牌形象设计策略，完善地域农产品品牌形象的创建。地域品牌是区域内企业共同享有的品牌，品牌创建的主体是各区域政府、行业协会及合作社。

1. 整理地域农产品特质及文化特色，树立农产品地域文化品牌意识

地域品牌的构建基础是地域农产品的特殊品质及独特的历史文化内涵，其先天品质和文化差异性是塑造品牌个性的完美切入点。农产品品牌与地域文化相融合，拓展了品牌的寓意与联想空间，弱化了地域农产品自身的物质性，增强了产品自身的文化性。因此，政府等品牌建设主体应树立文化品牌意识，借助品牌的文化内涵增强消费者的品牌感知和产品市场的拉动力。

2. 导入整体品牌形象，创建地域文化品牌

针对地域内农产品生产企业的规模、经济基础等因素，政府、行业协会及合作社等品牌建设主体应从品牌战略角度统筹规划，渐进性地展开品牌创建，具体流程如下。

（1）设计前，政府、行业协会及合作社等品牌建设主体应对地域内同类农产品企业的规模、发展情况、产品特色及主要竞争对手等进行调查、分析，并得出结论。结合企业的实际情况与地域文化差异性，邀请相关品牌建设专家及设计团队进行品牌评估和诊断，明确地域农产品品牌建设的目的及文化触发点。

（2）展开地域农产品品牌形象设计。地域农产品品牌形象建设包括基础部分和应用部分。基础部分的核心是依据地域农产品品牌名称设计品牌标志图形，围绕品牌标志图形确定品牌标准字、标准色、辅助图形等。首先，地域农产品品牌名称可以从产品品质及地方历史、地方文化中提炼，名称要简洁易记，为凸显地域文化与品牌的内在关联，可以将地域在品牌名称中直接或间接体现出来，或者在品牌名称旁边加上醒目的标语或象征物等；地域农产品品牌标志图形可以从地域特有的传统文化图形、民间美术中提炼，也可由设计师根据自己对地域文化的理解，设计简洁明确的专属图形，传达品牌的内涵。其次，依据基础部分设计地域农产品品牌形象的应用部分，如包装设计、网站设计、广告设计及品牌角色设计等。此外，地域农产品品牌形象设计要兼顾地域内企业规模，设计要具有普遍适用性，适合大多数企业及不同媒介使用。

（3）政府、行业协会及合作社等品牌建设主体应制定地域品牌形象使用条例，统一地域品牌形象使用要求，如对品牌标志在包装版面的位置、大小等做出具体要求；建立完善的地域农产品品牌形象管理准则，对申请使用地域农产品品牌形象的企业设立适合的"门槛"，如企业规模、产品质量、生产卫生等，大力整顿和审查违规使用以及搭顺风车使用的企业和机构，以免地域农产品品牌形象遭到破坏；主动申请农产品地理标志认证及地理标志保护产品认证，切实、持久地保持地域品牌的有效性。

例如，"西湖龙井"地理标志证明商标由杭州市西湖区龙井茶产业协会于2011年6月28日在国家商标局注册，并制定了相关保护管理办法，在整个西湖龙井茶产区推广使用，对"西湖龙井"品牌起到了有效而持久的保护作用。企业若在包装上印刷此标识，需经龙井茶产业协会授权使用，从法律层面保证了地域农产品品牌形象的有效性。再如，临安区政府组织申报"临安山核桃"原产地认证，经过国家质量监督检验检疫总局的专家实地评估和认证后，于2003年8月底获得了国家原产地标记注册证。2009年"临安山核桃"取得国家商标局授予的证明商标注册证书，成为地理标志证明商标。临安区内符合申请标准的企业，可到临安区山核桃产业协会备案使用，与各企业主体品牌共同使用，促进地域农产品品牌形象建设。

（二）包装创意设计

地域文化是指在一个特定的地理环境下形成的历史遗迹、文化模式、社会习俗、生产生活方式。地域文化具备明显的地理符号特征，成为打上了地域烙印的一种独特文化，包括地方方言、民俗信仰、民间建筑、民族服饰等。它通过文字、图案、色彩等表现形式延续于现代生活，其中的内涵和寓意为包装设计提供了丰富的创意思维和表现手段。

在地域农产品包装设计中，为更好地体现地域特色，包装视觉要素（文字、色彩及图形）、包装材料及包装结构可以从地域文化中汲取"文化营养"，根据产品类型或所要塑造的风格选择性地在地域文化中借助不同的表现手法来描绘和塑造产品的形象。品牌名称及产品名称可以从地域特有的人文历史中提炼，地域文化赋予品名和牌名特有的词语和语义，增强了品牌文化的联想性，如广西桂林依据"歌仙"刘三姐的典故给品牌取名为"有个三姐"，杭州临安依托"钱王吴越文化"给品牌取名为"东升颂越"。地域农产品包装色彩可借鉴地域服饰色彩及地域特色民俗色彩，以增强包装的视觉冲击力，如客家服饰的"蓝色情结"、畲族服饰崇尚的"黑、蓝"基调等。地域农产品包装图形可以选择区域建筑装饰纹样及服饰纹样进行装饰，传统民居装饰纹样及服饰纹样造型手法多元化、图案化及装饰化特征明显，蕴含了个性化的地域特色及文化内涵，传达出强烈的艺术感染力，为包装创意的思维空间提供了诸多元素。地域农产品包装材料与造型可参考地域特有的原生态材料及原始形态，引导消费者产生文化上和精神上的共鸣，促使消费者对产品产生美好的联想，强化包装的地域特征，如浙江安吉是竹子之乡，"安吉白茶"的包装可选用"竹材"，用竹筒作为茶叶的外包装。在确定地域农产品的包装造型时，可以仿造充满浓郁地域文化特色的自然物型，如四川三星堆古酒的造型就是模仿"三星堆青铜立人像"。

（三）包装材料与工艺设计

包装材料是指"用于制造包装容器和构成产品包装的材料的总称"，如纸、金属、塑料、玻璃、陶瓷、竹木与野生藤类、复合材料等，以及缓冲材料、涂料、黏合剂、捆扎物和其他辅助材料等。地域农产品包装可根据地域农产品自身的特殊性和销售媒介要求选择不同类别的材料，在把握其特性的基础上，整合区域文化和品牌文化基因，突出产品特色。

（四）地域农产品包装材料特性分析

地域农产品属于农产品门类，包装材料的选择不能像传统的商品包装，仅根据商品自身的自然属性和形态特征做出决定，而要考虑农产品自身的特殊性。农产品受季节、气候的影响较为明显，产量不稳定，易腐烂、易变质，因此要求农产品包装材料具有防潮、防水、耐热等特点。

地域农产品是基于特定地理环境生产的产品，其包装材料的特性可与地域文化相融合，强化包装的地域特征，塑造包装的品牌个性。

地域农产品包装是产品市场推广的物质承载，属于商业设计的范畴，因此设计时要考虑制作成本及原料成本。

随着网络销售的兴起，农产品的销售渠道日趋多元化，针对网购物流运输的特性，农产品包装材料也要随之变化。

（五）地域农产品包装材料的选择

由于地理状况及气候的差异，地域内的物产不尽相同，因此地域农产品包装需要不同的材料。一些自然材料成本低廉，地域特征明显，文化底蕴丰厚，非常适用于作为地域农产品包装材料。

在进行包装设计时可选择地域内盛产的自然物质作为包装材料，只需稍做加工或不做加工便可使用，成本低、工艺简单，蕴藏其中的文化内涵可与农产品共同深化地域信息，塑造品牌包装的材料个性，如大自然中的柳条、稻草、玉米秆等都可以用作包装材料。

地域材料孕育于地域特定的气候及环境，具有独特的文化内涵和寓意，与地域内农产品的文化浸染相同。因此，选择与农产品精神内涵相通的物质当作包装材料，既可烘托地域农产品的文化韵味，又可提升品牌包装的内涵。例如，荷叶常被用来比喻圣洁，松木寓意长寿，竹子象征气节，等等。再如，临安"山妹子"牌笋干用竹筐当作包装容器，不仅有助于通风干燥、长期保存，而且让人感受到临安"三宝之一"的浓郁地域文化特征，给人以和谐巧妙的感觉。北京"吴裕泰"茶叶的包装木盒选用优质名贵的红木制成，精致典雅、古色古香，既凸显了品牌茶叶的高贵品质，也增加了文化韵味。

材料受质感、光泽、触感等一系列因素影响具有丰富的表现力，创造了不同的视觉及触觉感官，可为包装材料的选择提供借鉴。地域材料在特定的自然条件作用下，材质表面会呈现不同质地和物理表现形式，设计师可直接利用这种效果塑造具有特色的包装外观。同时，随着印刷技术的不断改进，模拟物质纹理已经逐渐成熟，设计师可根据自己的认识和理解，借助合适的媒介和载体模拟材料纹理应用于包装设计，深化地域农产品包装视觉形象。例如，"衡星坊有机生态米"的包装材料选用竹篾编制的"竹席"，借助其表面的"粗糙"纹理升华产品的"生态感觉"，增强产品的自然特色。再如，东北特产黑木耳的包装选用麻绳、树皮及牛皮纸等材料模拟木耳的生长载体，在视觉及触觉上打动消费者，突出产品的"地域味"。同时，在包装装潢设计上模拟树木的"纹理及年轮"，更好地传达出产品生长于"黑土地"的感觉。

线上销售地域农产品应注重物流运输的安全保障。农产品包装材料的选择要抗震、抗压，降低运输过程中的潜在风险，以免产品破包、破碎而影响销售，使品牌形象受损。

第三节 视觉形象设计的专业化与农文旅品牌价值提升

一 品牌视觉形象对品牌核心价值的影响

（一）品牌视觉形象与消费者对品牌核心价值的识别

品牌核心价值是品牌向消费者承诺的核心利益，它代表着品牌对消费者的终极意义和独特价值，是一个品牌独一无二且最有价值的精髓所在。它让消费者明确、清晰地识别并记住品牌的利益点与个性，是促使消费者认同、喜欢甚至爱上一个品牌的主要力量。

品牌作为一种资产，最核心的本质在于它与消费者的关系。品牌价值的最终决定权掌握在消费者手中，而良好的品牌视觉形象是打动消费者实施购买行为的一个至关重要的因素。品牌的视觉形象是在与消费者沟通交流过程中最直观的第一印象。色彩鲜明、有独特记忆点且具有亲和力的品牌视觉形象往往会吸引更多的消费者，也便于消费者对品牌进行识别和把握。

一般而言，一个品牌的推出，往往会经历"视觉识别—形成印象—获得认可"的过程，消费者会根据自己的消费理念、兴趣爱好辨别自己有好感的品牌形象，并逐渐完成由认知到认可的体验过程。农文旅品牌视觉形象是企业与消费者沟通的桥梁，消费者的消费行为建立在对产品识别的基础之上，在产品高度同质化的今天，品牌的视觉形象已成为区分不同产品的主要标志。美国营销专家贝恩特·施密特和亚历克斯·西蒙森曾指出，在消费者的品牌体验过程中，品牌基本构成要素的风格和主题帮助消费者形成了对品牌的整体印象。从销售心理学角度来说，产品的造型以及包装的形状、图案、色彩是一种无声的诱惑，更是沉默的推销员。人们眼中的产品不仅仅是一个物品，人们购买的还是一种风格、一种态度、一种情感体验，甚至是一种精神象征（Schmitt, Simonson, 1997）。所以，良好的品牌视觉形象更有利于加深消费者的认知。亚里士多德曾说过，"一切源于眼睛"。心理学研究表明，在人类所接触并感知的所有外界信息中，有的信息是通过视觉传递到大脑中的，视觉为人的认知活动提供了最广泛的素材，也给人们创造了丰富的情感和体验（卞中阁，2010）。因此，塑造良好的品牌视觉形象对构建成功的品牌具有重要的意义。

一般来说，品牌视觉形象是消费者接触品牌的第一印象，在很大程度上也是最深刻的印象。品牌视觉形象对于初次接触品牌的消费者而言，往往具有先入为主的重要作用。另外，即便是大众耳熟能详的知名品牌，也会面临新品牌和同类品牌的竞争与压力，也需要重新塑造或者及时调整原有的品牌视觉形象，以便维护并不断提升品牌的核心价值，并在竞争中确保优势。一个品牌的视觉形象与色彩学、设计艺术学、符号学、心理学、传播学等相关学科密不可分，它不仅要有自己独特的个性，在形式上也要标新立异，以便给消费者留下整体的品牌印象。只有这样，才会吸引消费者的注意。视觉形象给目标受众的直观、整体印象十分重要，如果一个品牌的视觉形象能够很好地传达产品的审美品位、基本信息和艺术风格，则能使消费者产生审美趣味和精神寄托，并在潜移默化中刺激消费者的购买行为。

（二）品牌视觉形象与消费者对品牌核心价值的信赖

品牌核心价值是品牌的精髓所在，在品牌构建中具有重要作用。一个成功的品牌要想在市场中站稳脚跟并获得长远发展，打造自己别具一格的品牌核心价值是必不可少的。

品牌视觉形象是一种识别系统，但这并不是它的最终目的。识别的目的在于让消费者对品牌产生信赖，并最终产生对品牌的忠诚。正如美国广告大师大卫·奥格威所说的那样，事实上，这个世界充满了品牌，品牌已经融入我们的日常生活，在我们的经济生活中扮演着非常重要的角色。人们不仅通过视觉形象来识别品牌，而且通过特有的视觉形象对品牌产生了喜爱和偏好（大卫·奥格威，2008）。对于消费者而言，良好的视觉形象不仅容易获得消费者的认可与信赖，在挑选产品时更是其省力选择。消费者不必在各式各样的品牌之间抉择，从而降低了购物风险。所以，品牌的视觉形象能够使消费者在这个日益复杂的市场中充满自信地消费。

许多世界级品牌有着自己极为显著的视觉形象标识，如耐克品牌视觉形象的钩形标识、麦当劳品牌视觉形象的橙黄鲜亮标识等，都有着独特的视觉特征。更为重要的是，由于这些品牌长久以来树立的良好信誉，消费者只要看到这些视觉形象就能联想到它所代表的品牌及其值得信赖的质量。例如，当消费者看到桑德斯上校那白眉毛、白胡子，扎着领结笑容可掬的形象时，肯德基餐厅那种温馨、欢乐、可靠的品牌感受自然会让消费者感到信赖。

（三）品牌视觉形象与消费者对品牌核心价值的自我意象投射

所谓消费者的自我意象，就是一个人在内心对自我形象的一种描绘。正是这种清晰生动的自我意象投射才使得消费者在做出购买决定时，首先从心理上就能够得到自我满足，从而促进了对品牌忠诚度的进一步提升。

随着产品质量的趋同，消费者的消费行为也逐渐从过去的理性消费走向感性消费。理性消费是指消费行为以物质满足为主要目的，以实用与否为主要参考标准。而感性消费则是指人们在消费过程中除满足基本的物质需要以外，更加注重品牌的象征意义和情感体验。例如，作为世界香烟第一品牌的万宝路，采用美国西部牛仔作为品牌形象代言人。这就使得万宝路的消费者在吸烟的同时会产生一种自我意识与自我形象的投射，仿佛自己变成了美国西部牛仔。应该说，商品发展到今天种类已经变得十分丰富。消费者选择商品已经不再看重商品具体的使用功能，而是关注同类产品的不同品牌带给自己的消费体验和心理感受。个性鲜明的品牌视觉形象是在经历优胜劣汰的市场竞争之后最终胜出并在消费者心目中凝结升华的结果，这也显示了消费者的自我意象在品牌形象中的投射。

在感情消费时代，商品种类日益繁多，消费者越来越重视生活的质量，讲究生活的品位，因而会追求符合个人形象与个人风格的品牌，并通过有目标地购买与自己意象相符合的品牌来彰显自我价值。而品牌视觉形象可以从消费者的心理需求出发，在情感层面与消费者进行深度沟通，使目标消费者产生品牌好感与心理共鸣，最终使得品牌视觉形象与消费者自我意象投射在更深的心理层面联系起来，让消费者成为品牌的忠实顾客。

二 品牌视觉形象与品牌核心价值关系的误区

尽管人们对品牌视觉形象重要性的认识越来越深入，但是中国品牌发展的历史毕竟不如西方国家长久。在品牌发展过程中，很多企业对品牌视觉形象的作用和意义还存在某些错误的认识，这在一定程度上也导致我国品牌视觉形象的发展面临一些困境。

目前，国内很多企业尤其是中小企业没有树立正确塑造品牌视觉形象的意识。产品概念陈旧，视觉形象较差，品牌核心价值定位模糊，企业整体形象混乱。与国际知名品牌相比，我国的品牌形象在很多方面还不尽如人意，甚至存在某些误区。

（一）对品牌视觉形象与品牌核心价值之间的动态关系认识不足

品牌视觉形象与品牌核心价值之间是一种正比例的动态关系。但是，很多企业把二者的关系割裂开来，并由此导致许多错误的认识和做法。被称为"整合营销传播之父"的唐·舒尔茨谈到他对中国企业品牌建设的看法时曾说过这样一句话,"以我的观察,很不幸,很多中国的企业家只在乎短期收益的最大化而不在乎长期的品牌形象"(唐·舒尔茨、海蒂·舒尔茨,2005)。品牌核心价值所具有的独特视觉形象标识表明了品牌资产的内涵,因为个性的形成既有传承的因素,也是努力的结果。舒尔茨的话道出了中国企业品牌发展中存在的不足,的确,中国很多企业家缺乏品牌建设的知识并存在很多误区。企业品牌要么缺少恒定持久的核心价值,要么缺乏长期持久维护品牌核心价值的视觉形象。

即便是国际著名品牌,由于企业对品牌视觉形象与品牌核心价值之间的关系认识不足,也会陷入某些误区。例如,2004年11月,耐克公司推出"恐惧斗室"的宣传片,融合了青年人喜欢的日本动画、美国嘻哈及中国武术等元素,但是由于没有充分认识到品牌视觉形象与品牌核心价值之间的动态关系,影片只是片面突出了篮球明星勒布朗·詹姆斯不畏困难的勇敢精神,对中国的道教形象、敦煌飞天、龙等传统文化惯用的视觉元素却做了负面处理。此举遭到中国广大消费者的强烈抗议,随后被国家广播电视总局叫停,耐克公司也被迫道歉,其品牌核心价值受到了很大冲击。所有这些,都值得正在进行品牌视觉形象建设的企业重视。

(二) 品牌视觉形象个性不鲜明,品牌核心价值印象模糊

在市场竞争日趋激烈、产品高度同质化的今天,消费者的需求也越来越趋向个性化。消费者身处大量品牌的包围之中,如果品牌没有鲜明的个性特征,就很难引起消费者注意。

优秀的品牌形象与拙劣的品牌形象的差别就在于,优秀的品牌形象展现的不仅是"产品是什么",而且更看重"产品是谁"。也就是说,优秀的品牌形象赋予产品生命,产品不再是物,而是一个人。正如品牌个性研究学者詹妮弗·艾克曾指出的,用人做比喻很容易使消费者接受品牌,就像人有不同性格,品牌也要有属于自己的独

特风格，具有自身的形象和内涵，而品牌所具有的这种气质与特殊精神，必定是最具吸引力且令人难忘的，这就是品牌核心价值独特个性的魅力所在。（Aaker，1997）

广告大师大卫·奥格威曾在品牌形象论中提到"个性""性格"的字眼，并指出最终决定品牌市场地位的是品牌总体的性格，而不是产品间微不足道的差异（大卫·奥格威，2008）。而大卫·爱格则在《品牌经营法则：如何创建强势品牌》一书中提到品牌的五大个性要素——纯真、刺激、称职、教养、强壮（大卫·爱格，1999）。有独特个性的品牌核心价值更容易使消费者接近并认可。人们通常会根据自身的需要选择自己认同的品牌，如向往"驾驶乐趣"的消费者往往会选择宝马，而以安全性能为首要选择的消费者则更认可沃尔沃。另外，很多消费者为体现自己的"男子汉"形象，必定会购买万宝路香烟。由此可以看出，品牌的核心价值因其鲜明的个性会在无形中影响消费者的选择，因此应树立品牌整体形象，培养消费者对品牌的忠诚，最大限度地发挥品牌的价值，使品牌在激烈的竞争中脱颖而出。

（三）品牌视觉形象塑造方法不得当，削弱品牌核心价值

许多企业已经清醒地认识到视觉形象在品牌建设与传播中的重要作用。但是在具体操作阶段，若塑造方法不得当，则不能很好地发挥品牌视觉形象的作用，甚至在一定程度上削弱了品牌的核心价值。

品牌视觉形象的塑造，必须采用积极、正面、健康的视觉元素，不能为了突出创意或者彰显个性而使用一些伤害消费者情感的视觉元素。很多企业由于采用了错误的品牌视觉形象塑造方式，非但未能提升品牌核心价值，反而大大削弱甚至伤害了品牌核心价值。在这方面，日本油漆品牌——立邦漆推出的广告"龙篇"，就是由于片面追求创意而对"龙"这一中国文化中的图腾性元素进行了贬义处理，结果伤害了中国消费者的情感。2004 年 9 月，《国际广告》杂

志第 48 页刊登了一则名为"龙篇"的立邦漆广告,画面上中国亭子的两根立柱上各盘着一条龙,左侧立柱色彩黯淡,但龙紧紧攀附在柱子上;右侧立柱色彩光鲜明亮,龙却跌落到地上。其创意在于涂了立邦漆的立柱变得光滑明亮,龙都攀不住了。然而中国媒体和大众纷纷谴责这则广告侮辱了中国人的民族情感,认为代表中国的"龙"从涂有立邦漆的具有中国特色的红柱子上滑落这一视觉形象令中国人在感情上绝对无法接受。

显然,企业在塑造这一品牌视觉形象时使用了错误的方法,伤害了消费者的民族情感,最终给品牌核心价值带来致命的伤害。因此,只有使用科学严谨的方法树立合适的品牌视觉形象,并长期维护品牌核心价值,才能保证消费者在任何一次接触品牌时都能感受到品牌核心价值的信息,保证每一次品牌传播都能加深消费者心中的品牌形象,从而实现产品与消费者的有效沟通。反之,如果采用不适当的方式树立品牌视觉形象,必将导致品牌形象杂乱无章,消费者也绝不会对混乱的品牌形象产生清晰而深刻的记忆。

(四)品牌核心价值未能处于统帅地位

品牌视觉形象与品牌核心价值之间是一种相辅相成的正比例关系,但是很多企业没有认识到二者之间的这种动态一致性,而是把二者割裂开来,使得品牌视觉形象建设走向未能维护品牌核心价值的误区。在当今竞争日趋激烈的现代市场环境中,很多品牌产品的价格、广告、包装、质量都随着技术的进步以及市场环境的改变而发生了变化。但不论外在条件如何变化,同一品牌的产品都会有一根处于统帅地位且始终如一的主线——品牌核心价值。

在品牌核心价值的统帅下,经过日积月累的品牌视觉形象的反复传达与灌输,品牌在消费者心目中才能逐渐形成具有一定个性与形象特征的总体印象,这种固定的印象对品牌价值与品牌资产的形成具有重要意义。许多国际知名品牌为获得长久的生命力与发展,都为自己的品牌确立了个性独特的核心价值,并在品牌核心价值的统帅与指引下全力提升品牌形象（卞星玮，2016）。

第四节 基于视觉形象视角的农文旅品牌营销宣传

一 农文旅品牌营销

品牌营销是在产品质量有保证的前提下，塑造高资产品牌价值的一种文化行为，包括品牌定位、品牌识别体系设计、品牌推广和品牌保护等主要内容。农文旅产品从生产到营销，关联到农户、企业、行业协会、合作社及政府，品牌营销主体具有多元性，因此农文旅品牌营销应采用"政府引导+龙头企业主导+行业协会辅助+基层农户配合"的"四位一体"合作主体模式，各营销主体应紧密合作、优势互补，建立和完善农文旅营销促销服务体系，提升地域农文旅品牌的市场竞争力。

（一）明确品牌营销主体

1. 政府引导

政府在农文旅品牌营销中发挥了引导、投资、援助及管理的作用。政府应利用自身的资源平台，通过展会、广告、促销等宣传媒介，促进品牌形象的宣传及推广。加强对农文旅企业政策性服务功能的支持，鼓励名优企业品牌进行市场拓展，扩大地域农文旅品牌的市场影响力。同时，政府应制定完善的品牌营销规则，协调地域内品牌营销关系，优化市场秩序，保证品牌营销战略规划落到实处。

2. 龙头企业主导

龙头企业既是品牌营销的骨干力量，又是品牌营销的受益主体，能充分带动区域内中小规模企业的产品品牌化。因此，地域内企业应形成相对稳定的战略合作关系，整合优势资源，形成企业生态群落，成为品牌营销的强力后盾。在产业集群化营销模式下，生产企业可推广"公司+基地+农户"的生产模式，保证地域农文旅品牌的优质品质及原产地特征，巩固地域农文旅品牌营销的品质基石。

3. 行业协会辅助

行业协会是连接政府和企业的纽带，在推进品牌营销体系的建设中发挥了重要作用。行业协会是以农村经济和技术服务机构为基础、以农村技术人员为骨干的协作团体，它可在政府授权下制定企业申请使用地域品牌的基线，有效维护已授权企业的利益，保证品牌营销优势的持久性。此外，行业协会还可定期组织农户进行技术培训或经验交流，延续及提升地域农文旅产品的生产种植优势，维护地域农文旅产品的特色和质量，从源头上支持地域品牌营销。

4. 基层农户配合

基层农户是农文旅产品的直接生产者，也是实施与推进各项政策的基础和重要环节。但是由于生产的分散性和细小性，需要借助品牌的力量打开产品的销路，因此基层农户在品牌营销中需要扮演好"配合者"的角色。

（二）制定农文旅品牌营销策略

1. 品牌定位策略

农文旅品牌定位策略实施的目的是更好地为品牌营销提供导向，以及更好地找准品牌进入市场的切入点。制定品牌定位策略既可保证品牌差异性带来的品牌营销优势，又可树立良好的品牌形象。目前农文旅产品处于完全的市场竞争状态，农文旅产品的同质化现象严重，差异化越来越小。因此，在以农文旅产品的独特性为基点进行品牌定位时，关键点不仅要落在产品本身属性的与众不同上，而且要注重产地的自然条件、人文风情、民俗文化等因素。一是可依据地域农文旅产品的品质差异进行营销定位，独特的自然条件及传统加工工艺铸就了品质营销的后盾。二是可依据地域文化差异进行营销定位，借助地域内广为传颂的人文地理标签进行文化品牌的延展，塑造品牌的特色，提高农文旅品牌的美誉度和知名度。此外，还可依据目标消费群体的细分情况进行差异化的营销定位，使品牌营销更具针对性。

2. 品牌推广策略

在完成品牌定位、品牌形象构建后，应通过合理的品牌推广策略全方位地展现品牌诉求，形成消费者对品牌形象的认知，达到品牌营销的目的。随着品牌构建主体的多元化和推广媒介的发展，品牌的推广策略也随之多元化。各主体应利用自身优势渠道进行品牌宣传，构建立体的宣传网络，充分体现农文旅品牌的地理要素优势，扩大地域农文旅品牌的影响力。①政府可从宏观层面借助自己的优势平台展开地域农文旅品牌形象的宣传。例如，可借助产品展示会、洽谈会、交易会等搭建农文旅产品推广平台，或者利用广告媒介进行推广，包括广播电视广告、报纸期刊广告等，可使消费者直接感受到产品的具体形象，培养消费者对品牌的忠诚度；也可组织各类与地域农文旅产品相关的新闻发布会、产品发布会及专家研讨会，肯定产品品质，打造品牌营销优势。②龙头企业及行业协会应从微观层面开展实际的品牌传播活动，确保品牌宣传主导因子与目标消费群体的诉求一致。一是利用广播电视广告、户外媒体及传播终端等进行宣传；二是借助人员推销、实地推广、产品专营店等进行促销式品牌宣传；三是企业可开通宣传地域农文旅产品的门户网站，优化农文旅品牌传播媒介，丰富品牌传播途径；四是企业可注册专属的微博和微信互动平台，利用其短平快的信息传播优势，短时间内提高品牌的曝光度。

3. 品牌维护策略

制定地域农文旅品牌维护策略的目的是更好地维护市场推广秩序，创造良性的品牌营销环境。品牌维护可从三个方向展开：首先，政府应从产品品质、产品包装、产品标识及产品加工环境等政策方面展开品牌形象的维护；其次，企业自身要建立全面的品牌管理系统，协调品牌形象的维护；最后，行业协会应充分扮演好中间协调的角色，通过组织新技术推广会及区域企业协调会等方式增强企业及农户自觉维护地域农文旅品牌的意识，提高企业及农户维护品牌的主动性，从根源上实现对地域农文旅品牌的维护（刘升，2014）。在此基础上，旅游设施建设可将产地转变为销售场所，通过旅游设施建设完善品牌视觉形象建设，从而保证品牌资产良性发展。

二 视觉张力对平面广告设计表达与解读的影响

（一）增加平面广告形式的趣味

平面广告设计的张力形式体现在广告画面的运动感上，广告图形位置的倾斜、形态的扭曲夸张以及广告色彩的动静趋势，能够给人带来生动有趣的视觉感受，丰富了平面广告的表现形式，增强了广告的趣味性和互动性。就平面广告的属性而言，不论是悬挂在网站上，还是张贴于大街小巷，都是处在一个二维平面之内，属于静止状态。平面广告设计的张力表现会给人造成虚拟的运动感，增强画面的互动性，使平面广告处于动态平衡之中，从而使广告画面变得丰富有趣。

（二）贴近平面广告主题的表达

平面广告的张力形式给人一种视觉上的冲击与震撼，有利于贴近广告的主题，以完成广告的意义传播。在平面广告设计中，视觉元素的张力形式必须为平面广告的主题服务，否则只是空洞的形式而已，不具有广告的信息传播价值，视觉张力的意义就在于架起广告形式与广告内容的桥梁，贴近广告的主题，使平面广告具有传达信息与情感的重要意义。

图4-7是立陶宛"咖啡小栈"的一则平面广告，画面采用倒梯形的图形语言形式，形成视觉的不稳定感，但这个梯形结构位于画面的中心对称轴上，使整个广告画面处于动态平衡之中。这种结构表现与

该咖啡馆宣传的一款新式咖啡相契合，黑人与白人共同组成了咖啡杯造型，画面的广告语——NEW WHITE & BLACK COFFEE，即新的白加黑咖啡。这则咖啡广告贴合其内容，不论是"白加黑"的咖啡，还是倒梯形的咖啡杯，都很巧妙地表现了这款新咖啡的主题。

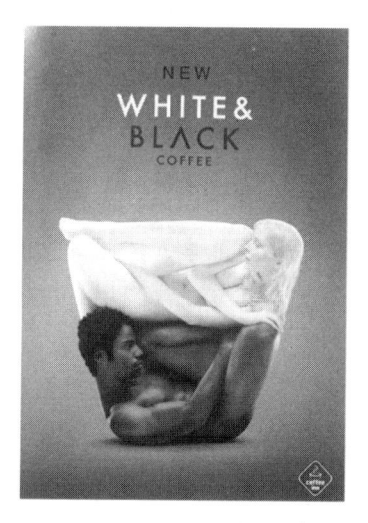

图 4-7 立陶宛"咖啡小栈"平面广告

资料来源：闫珂：《平面广告设计中的视觉张力研究》，苏州大学硕士学位论文，2016。

（三）丰富平面广告情感的抒发

在平面广告中，画面的张力结构形式能够产生强烈的视觉感受。张力的外扬与内敛表现为广告的冷暖感、轻重感、进退感、动静感等，给人的心理造成轻松、愉悦或者紧张、压迫的情感变化，其中广告色彩的张力表现最明显。广告色彩的冷暖感、轻重感、进退感等色彩感觉均源于生活的体验，进而升华为一种心理层面的广告情感。色彩本身只是一种物理现象，但是因为人们长期处于色彩世界之中，积累了很多色彩经验，当视觉经验与外界的广告色彩刺激形成一定的呼应时，便能感受到色彩的情感，引发人们心理上的某种情绪，进而产生广告情感的共鸣，起到良好的广告效应。

三　视觉张力对平面广告解读的影响

在平面广告设计中，具有视觉张力的作品通过画面的空间和运动表现，能够引起人们的高度注意。那么，当人的视线停留在广告画面中时，广告画面的内部张力结构会指引人进入广告的感知层，引导人们观看整个广告的正确流程，进而形成对平面广告主题的认知，有利于解读平面广告的真正内涵。而形式上的逻辑关系，是指将不同的符号、形态、色彩等元素，按照信息的轻重缓急，依据形式法则予以安排，在视觉上建立秩序，用最短的时间传达出重要的信息。

视觉张力的形式表现就说明了上述逻辑关系，视觉张力对解读平面广告的意义体现在三个方面：首先，引起人的视觉注意，增强视觉对生动形象的捕捉能力；其次，由于视觉张力的作用，广告画面呈现清晰的主要矛盾和次要矛盾，有利于提高对平面广告主次关系的分辨能力；最后，视觉张力的方向性能够引导人们对视线流程的把握能力，最终完成平面广告信息的传达。这三个方面循序渐进，具有形式上的逻辑关系。

（一）增强对生动形象的捕捉能力

具有张力的平面广告能够有效地帮助人们选择最有价值的视觉关注点，看到平面广告的主要物象。在平面广告中，视觉张力的第一个影响就是能够引起人的视觉注意，就平面广告本身而言，广告画面的张力感更多集中在广告结构骨架上，平面广告的主要视觉形象位于画面的视觉中心，而人们的注意力也集中在这里。

（二）提高对主次关系的分辨能力

在平面广告中，视觉张力的第二个影响是能够让观者区分视觉形象的主次关系,分辨视觉形象的主要矛盾和次要矛盾。平面广告通过图形、色彩、位置差异建立起视觉空间,不论是深度空间还是虚实空间,都能够层次分明地形成视觉的次序。平面广告通过图形的主要形态与次要形态、色彩的主色与辅助色、空间的虚与实,以及画面的图形与背景厘清主次关系,强烈的张力效果不仅需要次要部分予以平衡,而且需要一些辅助形态、色彩等进一步烘托主要的视觉形象,以达到平面广告视觉的秩序性,完善广告画面和广告主旨。

(三)引导对视线流程的把握能力

张力对视觉的影响除了引起人们的注意之外,更主要的是引导人们对平面广告信息的有序获取。广告画面中的张力式样为人们提供了一定的力的方向引导,指引人们的视线走向,使人的目光关注点通过力的方向向外合理地扩散,有利于人们有序地欣赏平面广告。

在平面广告中,张力具有运动的方向性,诱导人的视线一步步读取平面广告的深层含义。平面广告视觉张力的运动特质直接影响了视线运动的多种形式,解读平面广告需要一个有序的视觉流程。运动的总趋势潜伏在平面广告结构骨架的主要作用力之中,张力的趋向性可以造成平面广告结构的差异,甚至导致平面广告情感倾向的改变。在平面广告中,视觉元素方向明确、形体单纯、运动感强,有助于人们对平面广告的浏览、阅读与理解。根据视觉张力运动方向的不同,可以产生四种不同的视线运动形式,即单向运动、回旋运动、反复运动和复向运动。通过视觉张力的运动形式,带动人们的视觉线索,有利于正确有效地欣赏平面广告。

1. 单向运动

平面广告强烈的张力感会给人的视觉带来运动的倾向,广告形象中直线、斜线、曲线的排列组合表现出平面广告的主要线索,造成广告画面的单向运动。单向运动表现速度感,画面可以表达奔放、富有生命活力的动人气氛。通过线性线索感受广告画面的动感与活力,指引人们阅览广告,以认知平面广告的内涵。

（1）直线视觉流程

在平面广告中，直线单向运动是指人的视线运动呈垂直或水平的单向运动。根据人的阅读习惯，这种单一方向的视觉流程一般是自左向右、自上而下，人的视线在其中单向流动，具有确定的目标、明确的目的性，一般给人传达一种稳重平静的画面意象。

（2）斜线视觉流程

在平面广告单向的视觉运动中，斜线形式的解读不同于水平与垂直方向的平面广告画面感受，斜向的视觉运动可以给画面注入强烈的动态感与不安定性，且图形语言的倾斜角度越大，这种感觉就越强烈。

（3）曲线视觉流程

在平面广告中，曲线形式的视觉运动有单纯的 C 形、柔美的 S 形、圆润的 O 形，以及随性的无规则曲线，就单向运动来讲，常见的是 C 形和无规则曲线的视觉运动形式。在平面广告视觉运动过程中，C 形曲线形式给人一种柔和且具有韵味的印象，使广告画面具有一定的整合性与完整性。

在平面广告中，视觉运动的无规则曲线形式会使画面有一种自然的流动感。图 4-8 是一则禁止酒驾的平面公益广告，倾斜的酒杯以及洒出的液体给人一种视觉上的紧张感，产生视觉张力感受。人的视线根据张力的方向自右向左运动，首先，倾斜的酒杯传达出画面的不安定因素，含蓄地表现出一种被撞击后的效果，给人的视觉心理造成冲击；其次，人们会看到在空间中流畅的酒精液体的泼洒效果，让画面看起来自由且流动，对该公益广告中的"意外"主题产生了暗示作用；最后，人们的视线停留在简洁的广告背景中，烘托出前面的主体元素，从侧面对酒驾的后果做出暗示，达到了警醒的效果。

2. 回旋运动

人们在欣赏平面广告时，视线不仅发生单向运动，平面广告也存在迂回的力的式样，给人的视觉运动带来变化，回旋运动就是这样一种视觉运动的形式。回旋运动是各种单向运动的矛盾穿插，它的主体线互不交叉，在画面上形成迂回贯通的力，它的线与线、面

图 4-8　禁止酒驾的平面公益广告（无规则曲线）
资料来源：《广告设计欣赏！ 匪夷所思的创意脑洞！》，搜狐网，2018 年 11 月 24 日，https://www.sohu.com/a/277483832_335612。

与面之间产生的空间形成一股无形的力的运动。在平面广告中，常见的回旋运动结构是图形语言的 S 形运动，造成人们的视线也跟着进行 S 形的运动。S 形由两个相反的弧线构成，每一个弧线都具有饱满与扩张感以及一定的方向感，两个相反的弧线组合能够使平面广告产生矛盾、回旋、灵活的张力感受，在二维平面中拓展深度和层次。S 形的曲线构图使观者的目光沿着其形态在广告画面中做回旋运动，能够让画面显示出优美且具有韵味的节奏感，相较于 C 形运动形式，S 形视觉流程的变化感更加明显，律动感也更加强烈，并且让版面空间看起来更加饱满。S 形引导人的视觉向上、下、左、右四个方向有秩序地探索，视觉的起点到落点经过不同的区域进入新的空间，由 S 形线延伸的各种回旋运动给人舒展、灵活的视觉感受，不同方向造成图形和图形之间的矛盾与穿插呈现多种力的式样表现，使有限的平面广告视觉面积产生无限的扩张感和空间感。人的视线所到之处即合理，给人以正确的指引，从而完成对广告内涵的认知。

3. 反复运动

反复在文学语言中是一种修辞格，它使文字具有排山倒海之势，加深对文章主旨的理解，而在平面广告设计中，反复是一种有节奏的运动形式，一般表现为相同形状反复出现，强化人们对平面广告主题的深入解读。以不同的方向密集分布，反复出现的图形产生重复的节奏感，使整个画面富有活力。

4. 复向运动

在平面广告中视觉张力的外扬与内敛，造成视觉流程呈现复向运动，视觉活动产生明显的扩张感与收缩感。复向运动是指矛盾双方的作用力以中心点为轴，相互作用而产生的离心、向心等形式。

（1）离心型视觉流程

在平面广告中，离心型视觉流程是在广告画面中确定一个视觉中心，让呈放射状排列的元素朝不同方向扩散，使观者的视线向版面四周移动。

（2）向心型视觉流程

离心的对立面就是向心，在平面广告中，向心型视觉流程是将广告中的视觉元素从画面的不同方向呈射线状排列，并且让这些视觉元素都指向画面的同一个视觉中心，使观者的目光从四周向该视觉中心点移动，让该区域的图形语言成为广告画面的焦点性存在，这样的平面广告风格给人一定的紧致感与收缩性。

总之，向心型视觉流程与离心型视觉流程都以视觉中心为广告画面的焦点，不同的是，一个赋予画面扩张感，另一个则让画面处于收缩状态，刺激人们对广告的深入理解。不论是哪一种视觉运动形式，视觉张力的运动方向作用于人的视觉运动方向具有一致性，通过平面广告中视觉张力形式带动人的视线运动，实现平面广告信息的传达（闫珂，2016）。

综上，对品牌平面广告的解读需要一个井然有序的视觉过程，视觉张力刺激人们注意广告画面，分清主次关系，进行视觉的方向诱导，感知平面广告的动势，完成对平面广告的整体认知。可以说，视觉张力对人们解读平面广告产生了积极的影响。

第五章
农文旅品牌创建中视觉形象系统的设计及推广案例

案例1 辽河口红海滩旅游区视觉形象系统的设计及推广[①]

一 旅游文化的集中体现

（一）地貌特点

1. 河海交界之地

辽河口红海滩旅游区位于盘锦市辽河口生态经济区南侧，是辽宁双台河口国家级自然保护区外围区腹地，濒海临河，紧靠辽河奔流入渤海的辽东湾交界的位置，位于河的终点、海的边缘、陆的起点。辽河口红海滩旅游区拥有河的风貌、海的神韵、陆的绮丽，集自然之造化，望川怀河抱海，尽显如诗如画的海韵河风（见图5-1）。

2. 退海冲积平原之貌

辽河口红海滩旅游区地势平坦，平均海拔为4米左右，多水无山少树，苇塘潮沟遍布，属退海冲积平原。其中，"退海"是指由于受洪水与海水岸流的双重影响，渤海辽东湾海岸线一直在向海里退

[①] 本案例为笔者于2014年12月至2017年3月参与的"辽河口红海滩旅游区"景观设计和品牌创意营销项目，文中所用图片除注明资料来源外，均为笔者拍摄或项目团队成员设计并绘制。

图 5-1　辽河口红海滩旅游区
资料来源：https：//fz.tuniu.com/guide/d-panjin-1913/tupian/。

缩，直至今日，盘锦沿海湿地仍在以每年大约 10 米的速度由陆地不断向海洋推进；"冲积平原"是指盘锦境内大辽河、双台子河、大凌河在奔流入海的时候受到海水的冲击，再加上下游地势平缓，水的流速变缓，由河水从上游所搬运的泥沙在河口处不断沉积，因而形成了大面积的冲积平原。辽河口红海滩旅游区的每一寸土地都在经历着海洋—滩涂—陆地的变迁，可以说是沧海桑田直接演绎的结果。由于海水暗流作用，辽河口红海滩旅游区形成了众多的高岗地，其名称各不相同，有的叫"坨子地"，有的叫"岗子地"，还有的叫"沙台地"等，这些不同形态的高岗地均在潮线以上，通常高出周围地表数米，丰富了旅游区的景观层次。

3. 原生湿地之态

辽河口红海滩旅游区物种丰富，旅游资源的类型也比较多，需对景区旅游资源进行分类总结，在环境设计中巧妙地利用这些资源要素，最大限度地展现独特的地域性景观。辽河口红海滩旅游区是河、海、陆共同作用形成的原生湿地，与城市有一定的距离，所以城市居民对这片湿地的需求并不高，不像城市内的湿地公园与城市联系紧密。因此，景区湿地的生态性要远远强于其社会性。辽河口红海滩旅游区人工开发强度较低,由于距离市区远、交通不便,因此可达性不足。也正因如此,景区才得以完整地保留充满野趣的原生态湿地景观。

4. 石油资源

盘锦石油资源丰富,辽河油田是全国最大的特种油生产基地。从 20 世纪 60 年代后期开始,石油大军的勘探和开发性建设使得盘锦完成了历史性跨越。

盘锦市地下有丰富的石油、天然气、井盐、煤、硫等矿藏,辽河油田累计探明石油储量 21 亿吨、天然气 1784 亿立方米。原油品类有稀油、稠油和高凝油。在盘山县的胡家西部、甜水南部、羊圈子、东郭,地下埋藏着盐卤资源,深度为 60~100 米,盐卤水厚度为 47~77 米,按年开采量 360 万立方米计算,可开采数百年。在晒制的原盐中,氯化钠含量在 95.5% 以上。

(二) 辽河口红海滩旅游区旅游资源构成要素

辽河口红海滩旅游区吸引游客的物质要素以及相关联的人文要素主要有植物、动物、水体、地貌、地域文化等。辽河口红海滩旅游区的独特景观是物质要素与人文要素共同作用的结果,依据旅游区的旅游资源现状,可以把旅游资源要素划分为河海景观资源、生物景观资源和地域文化资源。

1. 得天独厚的河海景观资源

辽河口红海滩旅游区濒海临河,水体形态完整,水面所占面积比较大。水体景观是湿地空间的灵魂,是最有灵气的湿地旅游景观,水是人与自然沟通的方式之一,水体景观因其具有反射的特性可为景观增加层次,使空间富有韵律感。

辽河口红海滩旅游区拥有壮观的河海交汇景观,景区紧邻辽河,蜿蜒的河道、不腐的流水以及迎接大海的入海景观都引人深思感慨。作为中国七大河流之一的辽河,蜿蜒曲折地盘踞在这片湿地之上,是湿地的灵魂,为原本就美丽怡人的湿地景观增添了更多的灵气。

景区南侧紧邻渤海辽东湾,浩瀚的大海景色十分壮观。辽河入海处形成天然的港湾,每年12月至次年2月中旬海面结冰,冰面突起,最高可达5~6米,风景壮观。辽东湾是中国纬度最高的海湾,有辽河、大凌河、小凌河等注入,河口大多有水下三角洲,宽广的渤海容纳辽河百川,以望川怀河之势使景区视野更加开阔,增加了水天一色的壮美景色。

2. 独具特色的生物景观资源

（1）植物景观资源

辽河口红海滩旅游区植物景观保持原生状态,无人工规划种植。景区内红海滩、芦苇荡植物景观资源地域特征明显。红海滩就是生长着接连成片的碱蓬草的海滩。碱蓬草是一种一年生草本植物,其色泽嫣红、株型美观,被称为"翡翠珊瑚",有很高的观赏价值。早在20世纪80年代,碱蓬草就被人们当作难得的审美对象,并赋予其"红海滩"的称谓,从此这片广袤的草滩实现了它的文化演变。由于这种碱蓬草只能生长于平缓的泥质海滩,且需要河海两合水的反复浸润,这样的生长习性也导致碱蓬草成为景区内的特色植物景观资源。另外,碱蓬草的营养成分全面而丰富,其保健和药用价值较高,且具有科考价值。红海滩被誉为"天下奇观",是辽宁省"八大自然奇观"和"五十佳景"之一。

景区内遍布芦苇湿地,面积较大,郁郁葱葱,浩瀚无穷。阳春三月,芦苇刚发出翠绿的嫩芽,河流因没有芦苇的遮挡而清晰可见,赋予景区春的生机。金秋十月,成片的芦花随风飘荡,在河中形成倒影,相映成趣,谱写景区秋的盎然。芦苇,素来被称为"禾草森林"。芦苇是湿地环境中众多野生动物的栖息地,对保护野生动物起着非常重要的作用。芦苇可以代替多种日用品,是"白色污染"的克星;芦苇还是景区就地可取的自然材料,在塑造景区地域特色的湿地环境时也起着重要的作用。

（2）动物景观资源

辽河口红海滩旅游区是鱼类、鸟类等动物的天堂,是旅游景观中极富动感的部分,丰富的动物资源为这片神奇的生态之地平添了许多灵动的气息。动物是生态平衡的重要参与者，辽河口红海滩旅游区生态链比较完整，为动物的生存和繁衍提供了极佳的环境，在保持物种多样性方面体现了不可或缺的重要性。

辽河口红海滩旅游区是东亚候鸟迁徙路线上重要的栖息地和繁殖地，为迁徙的水鸟提供了重要的中转栖息的场所。旅游区内有百余种形形色色、千姿百态的鸟，有国家一级保护动物，国家珍贵鸟类有丹顶鹤、东方白鹳等，国家一类濒危保护鸟类有黑嘴鸥。辽河口湿地拥有8000余只黑嘴鸥，这里也是世界上最大的黑嘴鸥繁殖地，拥有国家二级保护动物白琵鹭、大天鹅、红隼、毛脚鵟等，还有较为常见的鸟类，如杜鹃、大苇莺、鸳鸯、翠鸟等（见图5-2）。

图5-2 辽河口红海滩旅游区鸟类
资料来源：辽河口红海滩旅游区提供。

辽河口红海滩旅游区拥有丰富的动物资源（见图5-3），可以为喜爱动物的游客提供一个深度认识动物种类的平台，所以受到游客的青睐。

斑海豹在地球最南端的繁殖栖息地就位于辽河口红海滩旅游区内的双台子河口海域，每年有好几百只斑海豹在此栖息觅食。目前可以在我国海域内繁殖的鳍足类海洋哺乳动物只有斑海豹，该物种

斑海豹　　　　　　　　河蟹　　　　　　　河刀鱼

图 5-3　辽河口红海滩旅游区独特的动物资源
资料来源：辽河口红海滩旅游区提供。

濒临灭绝，被誉为"海上大熊猫"。

辽河口红海滩旅游区内还有大量的鱼蟹池，渤海的辽东湾为河蟹的"生"提供了宽广的海域和充足的海水，内陆为河蟹的"长"提供了充足的淡水和丰富的水草。旅游区内还有大大小小20多条河流与渤海相连通，有助于河蟹的洄游，为其提供了"生"和"长"的条件，所以辽河口红海滩旅游区的河蟹有"海水里生，淡水里长"的生长特点。

河刀鱼是双台子河入海口地区一种形状特别像尖刀的野生鱼，身体比较长而且扁，身体后半部分逐渐变细像一把镰刀。其口感味道比较好，但是每年产量不多，是旅游区的特产之一。

3. 平民特征的地域文化资源

盘锦地区地广人稀，濒海临河，虽然土地贫瘠，却拥有打鱼摸虾、编苇织席之利，平民不愁吃喝，这样的特点史上俗称"好混穷"，于是对经济条件不乐观的平民产生了很大的吸引力。同时，盘锦地处海隅，文化、经济和政治都不发达，不能吸引高官贵胄，正如盘锦学者陈东白先生所言，"盘锦素为养人之所，而非成就功名之地"。因此，盘锦史上人群构成以平民为主。平民容易满足于吃饱穿暖衣食无虞，求生求存；贵族则强烈渴望出人头地出类拔萃，求胜求强。盘锦地域文化是以平民为主体的文化创造，也因此具有鲜明的平民特征。

"湿地"是一个新兴的概念，但是就湿地本身来讲，其存在的时间比人类还要早，有了人类之后，才有了"湿地文化"这一说法。在这广袤的湿地上，孕育了很多文化，湿地文化是其核心文化，湿地文化构成了以平民为文化创造主体的浅淡色调，如一幅中国传统山水画，既蓬勃葳蕤，又颇具内涵。辽河口红海滩旅游区湿地文化的典型代表是"红海滩"和"芦苇荡"，其中红海滩更具代表性。红海滩拥有"国家级"标志功能，但芦苇荡仅具有辽宁省乃至东北三省范围内的"省级"标志功能。湿地文化的经典生产事项有兴盛的盐碱制造业、独具创造力的晒盐熬碱法、发达的苇草编织业以及地域特色鲜明的"席俗"。

盘锦的每一寸土地都经历了海洋—滩涂—陆地的变迁。这种沧海桑田的漫长演变，形成了潮沟遍布、鱼虾丰厚的独特地域特点，直接孕育了渔猎文化，作为农耕经济的补充，这样的活动存续时间久，普及范围也十分广泛（见图5-4）。渔猎活动的长久流传，对本地区民众的饮食习俗和饮食结构都产生了决定性的影响。鱼、虾、蟹成为餐桌上的主要食材，也形成了独具特色的河鲜食艺。如今水文条件和生活条件都已经发生了变化，渔猎活动也不如往昔，但是冬捕仍然存在，冬捕技艺被冠以文化的桂冠而受到重视与保护。同步发生的辽东湾海岸线持续退缩，导致辽河（今大辽河）入海口的历史变迁，奠定了最初的辽河文化底蕴；地处水陆边缘的二界沟，因其地理优势，最早孕育了渔雁文化，成为渔雁文化的发源地。春来秋返古渔民，夏荣冬枯二界沟。渔雁文化可以说是景区地域文化的精髓，它的创造主体是历史上的关内外濒海渔民，辽东湾东北岸的天然渔港二界沟是它的发源地。在很长一段历史时期内，辽东湾周边的关内外渔民在春天开海时会聚到二界沟，以其为落脚点，在辽东湾进行数月的海外捕捞，等到冬天封海前再返回各自的家乡，这种候鸟式的生产与生活方式逐渐形成了人类在谋生进程中所孕育的一种文化形态，即"渔雁文化"（见图5-5）。

辽河文化和渔雁文化共同孕育了帆船文化。水陆边缘的特殊地理位置，使得帆船在本区域历史上广泛存在，有的用于贸易运载，

图 5-4　渔者的传统祭河仪式（渔猎文化）
资料来源：杨春风、杨洪琦：《辽宁地域文化通览》（盘锦卷），辽宁人民出版社，2014。

图 5-5　二界沟渔民滩海作业
资料来源：盘锦市档案馆提供。

有的用于渔业生产，还有的只用于代步工具。历史上很大一部分人群以船维生，帆船在繁荣市面及促进社会生产的同时，也积淀了内涵丰富的帆船文化，并展示了其以勇气为内核的文化属性。直到今日，本区域民众仍然对木船怀有特殊感情（见图 5-6）。除历史悠久的地域文化外，新中国成立后这片土地上又发展了石油文化和河蟹文化。由此可见，这片广袤湿地上发展起来的地域文化，都是起源于本地居民长期生活于此的生产劳作的生活文化，是生活在这片土地上的劳动人民巧妙利用自然资源的智慧结晶。这里的文化不基于某种物质和符号，而是存在于世代生活于此的平民百姓的思想和精神中，与自然和谐共生，规避环境风险，巧妙地利用自然资源。我们应该从这片湿地的地域文化中提取与生态环境良性发展的精神文化，并将这种精神文化予以传承和发展。

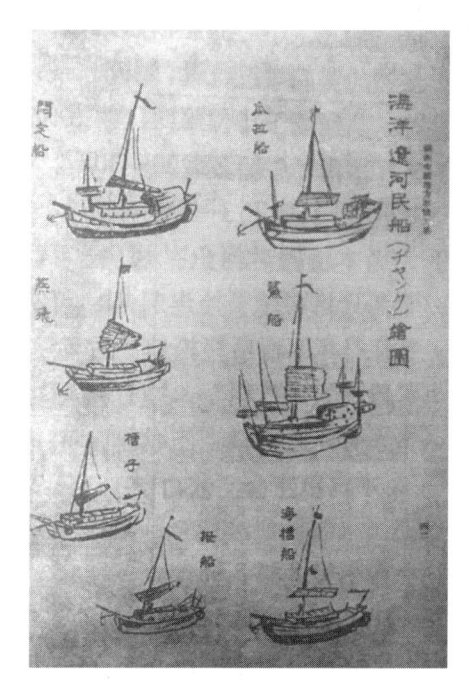

图 5-6　民国辽河民船

资料来源：营口市档案馆提供。

二　盘锦特有农产品品牌

（一）盘锦大米

"盘锦大米"在 2002 年成为全国第 19 种地理标志产品，也是粮油类的第一个地理标志产品（王树婷等，2010），经过近几年的发展，盘锦大米的品牌建设和品牌传播成果显著，在全国范围内已经具有较高的知名度，并初步形成了大米类产品的品牌集团。盘锦大米的发展与其悠久的历史和优越的自然环境条件关系密切。

从历史发展沿革来说，盘锦大米的种植历史悠久，可追溯到百年以前，是东北地区大面积种植水稻的先例。光绪三十三年（1907年），《盘山厅乡土志》"物产"篇曾记载本地产稻分"水旱二种，俗曰粳"（郭兴武等，2008），这是有关盘锦地区水稻种植最早的记载。1928年，张学良将军创建"营田股份有限公司"，从朝鲜引进优质水稻种苗和种植技术，开创了盘锦大米大规模生产种植的先河，此后水稻的种植面积不断扩大。新中国成立以后，国家十分重视盘锦大米的生产，1956年成立盘锦农垦局，将以水稻生产为主的盘锦农垦开发纳入了国家计划，开展大型水利工程建设，扩大生产规模。1984年盘锦建市以后，更加注重水稻产业的发展，进一步改善水稻栽培技术，借改革开放的春风推动农业结构战略性调整，以市场需求为导向，主推高品质水稻品牌作为种植品种，水稻的种植面积和产量都有大幅度的增加。截至2009年，盘锦市水稻种植面积达68万亩，水稻产量为100万吨左右。盘锦不仅是东北地区主要水稻出产地区，而且是全国重点水稻生产基地，对全国水稻的生产和稳定粮食供应发挥了重要作用。

盘锦大米有着丰厚的历史背景，在发展过程中受到了广大消费者的欢迎。张学良将军在盘锦大米发展过程中起到了重要作用，他将盘锦大米作为"帅府专供"品，新中国成立后盘锦大米更是被端上了国宴的餐桌。这些历史发展过程中的闪光点，可以为盘锦大米的品牌形象增添不少亮点。盘锦大米拥有悠久的发展历史，产品具有米粒饱满、色泽光润、气味清香、营养丰富等特点。这不仅与它随时间发展而日益成熟的种植技术有关，更得益于它作为地理标志产品与原产地环境之间的密切关系。

从土壤条件来说，盘锦地区前身是潮涨为海、潮退为陆的滩涂，富含多种矿物元素，土壤中还含有火山灰的成分，优化了土壤的成分构成，有利于水稻的生长和对矿物质元素的吸收，这一方沃土成就了盘锦水稻独特、优越的生长条件。从气候条件来说，盘锦地区是温带大陆性半湿润季风气候，特点是四季分明、雨热同期、光照充足，这为水稻的生长提供了良好的温度和日照条件（夏立娅等，2009）。

从水质条件来说，盘锦地区河流众多，水量丰富。主要河流有饶阳河、双台子河、大辽河等，还有人工修建的灌溉渠，足以满足水稻生长的需要。此外，盘锦的水稻种植区没有工业"三废"污染，土壤、空气和河流都保持自然清洁的状态，这些自然气候条件造就了具有盘锦地区地理环境特色的健康、自然和优质的盘锦大米，也为盘锦大米树立了一个优质的品牌形象。

（二）盘锦河蟹

盘锦河蟹，学名为中华绒螯蟹，北方称河蟹，南方俗称大闸蟹，属节肢动物门，甲壳纲，十足目，爬行亚目，短尾族，方蟹科，绒螯蟹属，是我国著名的淡水蟹，在我国蟹类中产量最多。[①] 近年来，盘锦大力发展河蟹产业，并作为实施农业总体结构战略性调整的切入点和突破口，作为增加农民收入的立足点和落脚点，创造了把"稻田养蟹"变为"蟹田种稻"、由"大养蟹"到"养大蟹"、将"蟹争霸"提升为"蟹文化"等河蟹发展新思路。

盘锦的河蟹产业已成为全市农业的支柱产业和主导产业，已经发展成为一个朝阳产业，河蟹养殖面积从1992年的574亩以翻番之势快速增长。2012年河蟹养殖面积为152万亩，产量为6.1万吨，产值为30亿元，仅河蟹一项全市农业人口人均纯收入就达1400元。全市涌现出一批河蟹乡、河蟹村，有18个乡（镇）成为养蟹万亩乡（镇），养蟹面积在10亩以上的农户达2.86万户。全市稻田养蟹年产量为100斤/亩，苇田养蟹年产量为80斤/亩，湖泊养蟹年产量为

[①] 《盘锦河蟹》，搜狗百科，https：//baike.sogou.com/v4387769.htm?fromTitle=%E7%9B%98%E9%94%A6%E6%B2%B3%E8%9F%B9&ch=frombaikevr。

30斤/亩，成为全国最大的种苗基地。河蟹生态育苗场有33家，育苗面积为1.5万亩，年产生态蟹苗5万余公斤，年产蟹种（扣蟹）1.3万吨，销往全国各地，并出口到韩国、日本等国家，初步形成了包含苗种繁育、蟹种养殖、成蟹养殖、饵料生产、交通运输、加工销售和餐饮服务等诸多环节的产业链条，为全市城乡提供了10万个就业岗位，已发展为继盘锦水稻之后农村又一比较成熟的为农民致富提供主要途径的重要产业。①

2012年，盘锦市经筛选重新确定了养大蟹的三种模式：盘山模式，实现了"水稻+水产=粮食安全+食品安全+生态安全+农民增收+企业增效"，即"1+1=5"模式；苇田模式，体现了种养结合、苇蟹双收，适宜推广；水库模式，水质好、个体大、效益好，适宜推广。

盘锦市之所以推广"1+1=5"的养大蟹模式，主要是因为稻田中有较为丰富的天然饵料，有充足的氧气，还有较好的水质。稻田养蟹是"用地不占地，用水不占水，一地两用，一水两养，一季双收"的立体、生态、高效的农业好模式。这一模式得到了农业部领导和水产专家的充分肯定，并作为首推稻田渔业模式在全国推广。

（三）稻草艺术节

一个优秀的公共艺术作品与公共艺术空间，其成功来自设计师对整体设计的宏观把控和细节上的精益求精。设计师在整体布局及平面导视系统的设计规划中，要集中展现各个区域的功能划分与游览路线，以确保所有空间的有效利用及游览的合理性与参与性。在材料的选择上，要力求选择具有当地特色和能体现当地历史文化的材料进行创作。盘锦以当地特有的材料——"稻草"为主要创作材料，将其运用到极致，这更加体现了公共艺术作品与外部环境的高度统一。

---

① 《盘锦市2012年国民经济和社会发展统计公报》。

1. 公共艺术作品的整体大局观

公共艺术通常是指由政府及社会资金支持、置于公共空间并含有社会精神的艺术。它是国家和政府为了实施全民社会的艺术文化福利、培育多元社会的审美文化和艺术普及、增进社会的文化交流与认同、促进城市经营与地方再造而蓬勃兴起的艺术。公共艺术的根本属性和特质在于它是社会的艺术、公共领域的艺术、生活的艺术。公共艺术一词的出现，是随着社会的发展，人们为了满足对艺术日益增长的需求而产生的，是艺术道路上的跨界之星。

设计师在公共艺术作品与公共艺术空间的创作上，基于整个环境的政治、经济、文化等因素，首先要满足大的环境的需求，其次要在各个空间中充分发挥其功能，这也是公共艺术设计中极其重要和不可忽视的环境意识，在设计中不可过于强调某个雕塑或单个个体的自我存在意识，而是应该充分体现与环境相对应的关系以及整体的大的格局，即整体大局观。以环境意识寻找整个作品的表现形式，由形式决定内容，以内容呈现整体的设计形式，满足环境的空间需求，充分体现环境空间艺术的尺度感，不过于强调单个物体的存在价值，更注重作品处于环境空间意识的独立性与服从整体的大局观，形成错落有致、变化丰富的公共艺术作品与公共艺术空间。在语言上充分发挥统一性，在视角上充分体现多样性，呈现综合美感。赋予材料一种艺术含义和历史底蕴，作为一种基本元素，镶嵌在整个公共艺术的大环境中，在集合重组后让整个空间变得更加美好和谐。

2. 挖掘历史，语言统一

随着城市建设步伐的加快、城市品位的提升、历史文化需求的增长、旅游产业的发展以及市民对城市美的追求，自 2015 年底开始，以盘锦大洼县为主轴的大型冬季稻草艺术节蓝图逐渐呈现在市民面前（见图 5-7）。从公共艺术设计的角度出发，设计师既要把握时代的脉搏，与时俱进、提升观念、大胆创新，又要力争使整体作品凸显地域文化的独特色彩，顺应时代潮流，多元展现。

图 5-7 "中国盘锦 2015 冬季稻草艺术节"Logo

  盘锦有着丰富的水稻资源和悠久的稻耕文化历史。稻草这一具有当地特色的资源本身与盘锦这座城市的公共艺术是相匹配的。稻草纯天然的粗线条及其淳朴和自然的本质，使其在盘锦这块质朴的土地上发挥了意想不到的价值。如果将同样的材料放在北京这种现代化的大城市中，就会有不协调的感觉；如果放在杭州、苏州等温婉细柔的古典美城市中，也无法将稻草的粗犷美呈现出来，甚至会让人觉得有些不伦不类。

  近年来，以稻草为主线的雕塑、景观等艺术作品在中国南方和日本也出现过，但是大多比较原始单一，语言风格也没有做到统一，只是针对稻草本身去创作，没有挖掘稻草背后的历史与本质，而盘锦的稻草艺术节则更多地融合了当地历史、传统与现代的艺术元素，在规模、整体风格、区域划分和平面视觉方面都有着高度的统一性和创新性，也充分体现了设计以人为本、与人对话、人景交融的现代公共艺术设计新理念。与其他地方作品人景分离、相互隔绝、缺乏亲和力的环境意识形成了鲜明的对比，也为稻草艺术节除冬季外其他三季的系统规划以及艺术的选材和设计等提供了可借鉴的经验。欣赏一件公共艺术作品仿佛在聆听一场盛大的音乐会，仿佛在与千百年前的学者、诗人高谈阔论。每一件公共艺术作品，每一个公共艺术空间，都是一个城市建设的重要组成部分，它是一座历史的丰碑，更是一扇文明的窗口，公共艺术的作用也日益得到关注和重视，而承载它的历史和媒介则构成了一幅流光溢彩、交相辉映的瑰丽画卷。

3. 探寻公共艺术作品的魅力

为配合整个稻草艺术节的多样性风格，现场共设置了七大主题展区。在以"文化+历史"为主题的稻耕文化博物馆区，通过实物陈列等形式，将盘锦"百年成一稻"的发展历程形象立体地展现出来。各大室外展区展出了各种稻草艺术作品，让游客在室内和室外感受到了盘锦冬季旅游的"冷"与"暖"。

稻草艺术节的亮点是位于广场内稻草塑型艺术区的大型十二生肖稻草雕塑，它们错落有致、大小不一，或写实或写意，或民俗或现代。之所以选择稻草为材料，不仅仅因为它较易获取、环保、加工制作手法相对简易，还因为它所组合出来的作品可以融入盘锦当地的大氛围中。这更加体现了公共艺术作品与外部环境的高度统一，不仅突出了盘锦稻耕文化，而且将整个稻草艺术节推向高潮。

其中，稻草艺术节生肖龙公共艺术作品从设计到施工完成历时约3个月，由34张直径为900毫米的正圆生肖龙主题文化展板构成。作品总长24米，高8.5米，宽8米，是生肖公共艺术群中最大且最有气势的一件作品（见图5-8）。该作品位于稻耕文化园大门附近，离开幕式舞台约500米远，考虑到对场地面积的基本要求、对园外游客的吸引力、满足游客互动的需求、标志性定位功能等，其位置的选择与摆放方式经过慎重考虑后才最终敲定。

十二种动物形象各异，运用了稻草偏软的特性把稻草编织成立体的形状，用简单的几何体搭建出一个个活灵活现的稻草摆塑。几何形体的稳定性为大体量的雕塑提供了很好的支撑，其点、线、面的构成形式又为作品增加了许多艺术感。活灵活现的十二生肖雕塑

图 5-8　十二生肖塑型艺术之稻艺龙

赋予了稻草新的生命,这组雕塑为冬季的盘锦平添了几许生趣。

艺术是生命的延续,是生活的诗句,是历史的旗帜,是一切美好事物的具体体现形式。在同一种语言被不断地重复和组合后,十二个作品在环境中变得更加统一,变成一个整体的大型艺术作品,也使游客在观览的过程中感受到了这一重复的魅力,增进了游客与作品间在精神和艺术上的交流。十二生肖交相呼应,在阳光照射后形成倒影美,动与静、虚与实相互衬托对比,强化了雕塑与环境的对应关系。这不仅提升了广场的精神文化品位和历史大局观,而且充分激发了整个城市的活力,突出了繁盛的地域文化特点,是提纲挈领的标志性构筑物,犹如一颗闪耀的明珠,熠熠生辉,起到了画龙点睛的作用。

值得一提的是,稻草摆塑艺术区的大型稻田艺术画让整个区域有了多个视角的观览机会,也是人们集中观赏的重要景观之一,增强了人们的参与介入性。除此之外,稻艺文化园的其他作品如迷宫、金字塔、秋千、跷跷板等(见图 5-9、图 5-10),经过包裹、塑型、重组、编织等工艺手法,加上更多的创新创意并结合大型十二生肖稻草雕塑、稻草人偶雕塑、大型稻田艺术画等主题进行布局，在不同的区域、视角和多个大的关键点上起到了丰富和美化整体空间的作用。从公共艺术的角度来看，此次稻草艺术节的实践活动不仅创造出环境艺术的美，而且创造出景观艺术、视觉传达设计艺术以及雕塑等造型艺术的美，打造出高端的综合文化品牌，赋予稻草资源艺术的价值，通过美的作品形式体现了盘锦人对稻耕文明的理解和认识。

图 5-9　稻艺文化园儿童娱乐区

图 5-10　稻艺文化园稻艺卡通形象

三　盘锦冬季活动探索

盘锦冬季冰钓活动已经开展了 10 余年，早期为一群为数不多的酷爱冰钓的"发烧友"专属。近年来，盘锦不断开发冬季旅游产品，盘锦三大水库、13 个旅游景区、20 余个钓鱼场所均已开展冰钓服务业务。冰钓已经成为盘锦特色冰雪活动。每年冬季，就会有冰钓爱好者三五成群地来到盘锦，凿冰钓鱼，寻找冬日里那份独有的快乐。盘锦冰钓资源丰富，方式多种多样，不仅能够冰钓鱼，而且能够冰钓蟹。盘锦全力打造"冬季到盘锦来钓鱼"旅游品牌，使之成为盘锦冬季旅游的特色。

盘锦不仅有颇具特色的冰钓活动，而且有深受游客欢迎的冬捕活动。2017 年 12 月 31 日，备受瞩目的"2017 红海滩首届冬季渔猎文化旅游节暨卧龙湖第六届冬捕节"正式拉开帷幕。当日的红海滩卧龙湖锣鼓喧天、彩旗飘扬、人声鼎沸。卧龙湖冰面上，祭祀祈福、威风锣鼓、凿冰下网、拉网捕鱼、鱼王拍卖等各个环节精彩纷呈。为了迎合广大游客对冬捕活动的喜好，丰富景区冬季旅游文化项目，红海滩国家风景廊道还在每周推出不同规模的冬捕系列活动，迎接游客前来体验独属于红海滩的冬季渔猎文化。辽河口冰凌是辽东湾冬潮涌浪形成的特色景观，冰凌之美令人惊叹，冰凌之俏耐人寻味。盘锦辽河口是中国最北海岸线，也是唯一有大规模冰凌出现的河口地区，可以让更多的徒步爱好者在辽河口的冬天体验一次"愈冷愈精神"的境界。同时，奇异的自然景观也将吸引大批户外运动爱好者和摄影爱好者聚集在此，感受大自然的鬼斧神工，对外展示辽河口冬季的旅游特色。2017 年 1 月 14 日，"2017 中国辽河口冰凌穿越挑战赛"（见图 5-11）系列活动在辽河口启动，吸引了来自俄罗斯、巴基斯坦、尼日利亚等国家和地区的 150 名专业选手以及国内 5000 余名业余选手相聚在一起，上演冬日人与冰、运动与自然最美的相逢。人头涌动的挑战赛现场，来自国内外的户外徒步爱好者享受着冰凌运动带来的挑战和乐趣。盘锦举办这项冰凌穿越活动，发掘与弘扬了地域特色冰雪文化，促进了冰雪运动和旅游、文化体育产业的融合发展。盘锦正全力打造"体育+旅游"的国家级品牌，把升温的冰凌"冷资源"打造成"热产业"，使之成为国际化冬季体育旅游的目的地，真正实现将"冰天雪地"变成"金山银山"。

（a）Logo设计

（b）舞台设计　　　（c）赛道设计

图 5-11　中国辽河口冰凌穿越挑战赛相关设计

四　辽河口红海滩旅游区发展现状与典型问题

（一）发展现状

辽河口红海滩旅游区顺应盘锦市产业转型要求，在盘锦市政府的支持下进行开发设计。辽河口红海滩旅游区的总体定位是：以生态保护为基础，结合红海滩、芦苇湿地以及渔雁文化等特色自然资源及文化资源，形成满足大众旅游体验观光与中高端群体休闲度假的生态旅游经济区。

1. 旅游区开发现状

辽河口红海滩旅游区面积辽阔，约有 60 平方千米，辽河口景观路贯穿其中,从景区北入口到南入口共 35 千米。自 2010 年发展至今,辽河口红海滩旅游区一直以生态保护为基础,以辽河口景观路为主环线,景点多以线性分布,目前整个旅游区按地域可划分为四个景区,分别为苇海湿地景区、鸳鸯沟景区、三道沟景区、万金滩景区(见图 5-12)。

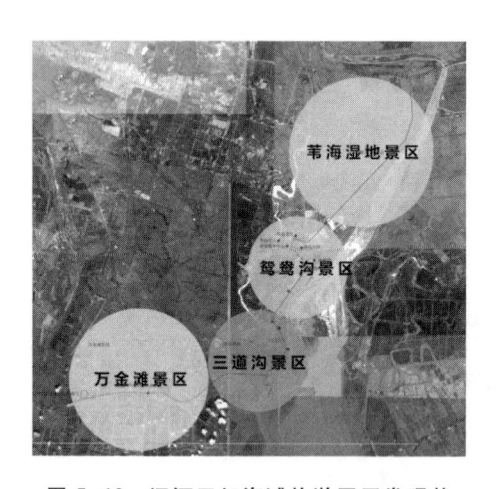

图 5-12 辽河口红海滩旅游区开发现状

苇海湿地景区北起旅游区正门,南至八仙岗,靠近辽河,由于距离渤海辽东湾较远,海水浸润不到,碱蓬草无法生长,所以植物群落多为芦苇。景区内有东郭苇场新力分厂,场地内遗留了很多苇场旧建筑以及苇场旧设备,拟在此处建设博物馆,目前没有设置景点,主要旅游活动为沿辽河口景观路进行苇海湿地观光(见图 5-13)。

鸳鸯沟景区北起八仙岗,南至鸳鸯沟沟口,紧靠辽河,距离渤海辽东湾较近,由于植被演替,所以植物群落为芦苇和碱蓬草呈交互斑状分布。鸳鸯沟景区内建设了一处游客服务中心,配有售票处、餐厅、小超市、停车场、卫生间等基础设施,围绕游客服务中心设置了苇海泛舟、苇海迷宫、迷岛闯栈、观鹤楼、摸鱼区等旅游景点,并有石油钻井平台散布于场地内部,还有经营中的

植被多为芦苇

辽河口红海滩旅游区北入口

苇场旧设备

苇场旧设备

苇场旧建筑

窝棚

图 5-13　苇海湿地景区现状

虾蟹池若干，紧邻辽河一侧设有海防堤，部分完好，部分被损毁，基本以海防堤为界，场地内侧多为苇塘，场地外侧多为红海滩，景区内遍布冲刷沟。该景区目前主要的旅游活动为陆路观光以及水路观光，体验性不足（见图5-14）。

三道沟景区北起鸳鸯沟沟口，南至三道沟码头，由于紧靠渤海辽东湾，植物分布多为碱蓬草，这里的碱蓬草面积最大，是绝好的观赏红海滩风景的地点。该景区还是斑海豹在地球最南端的繁殖栖息地，有数百只斑海豹在此栖息觅食。冬季景区有壮观的冰凌奇观。该景区目前也没有规划景点，主要旅游活动为沿辽河口景观路进行湿地观光（见图5-15）。

万金滩景区东起三道沟沟口，西至红海滩旅游区南门，由于紧靠辽河入海口，所以植物群落也多以碱蓬草分布，景区南部有众多的鱼、虾、蟹等水产养殖池，景区设有红海泊舟公共艺术体验区，

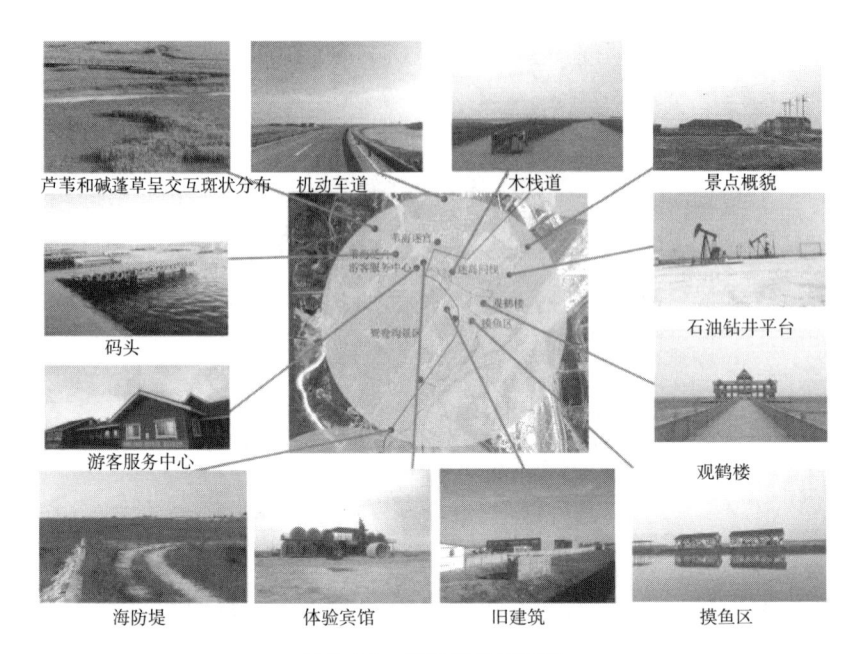

图 5-14 鸳鸯沟景区现状

图 5-15 三道沟景区现状

沿13千米长的辽河口景观路两侧湿地错落有致地摆放着古旧渔船101艘。该景区目前主要的旅游活动为沿辽河口景观路进行湿地观光，缺乏体验性（见图5-16）。

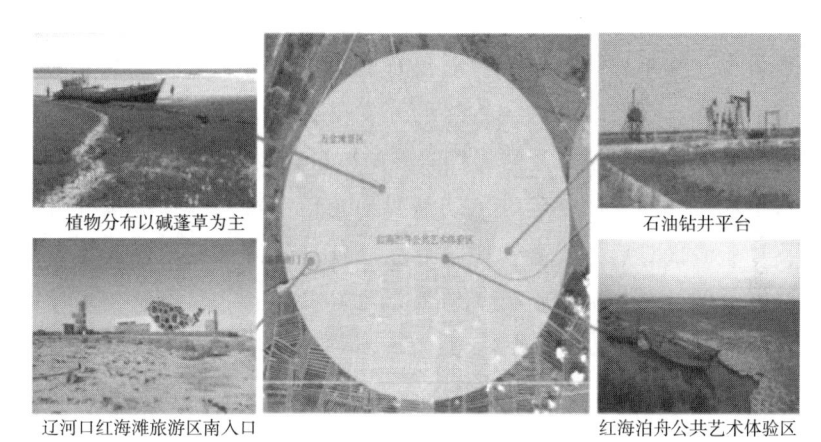

图 5-16 万金滩景区现状

2. 旅游区市场现状

辽河口红海滩旅游区开发初期，由于知名度较小且旅游区内设施不完善，接待游客数量并不乐观，随着旅游区的发展与完善，旅游区接待游客数量逐年增加，2016年旅游区接待游客约14万人次（见表5-1）。由于碱蓬草在每年的9～10月生长最茂盛，所以9～10月是观赏红海滩的最佳时期，也是每年接待游客的高峰期，每天可接待游客3000～4000人次。

表 5-1 2011～2016年辽河口红海滩旅游区接待游客情况

单位：人次

指标	2011年	2012年	2013年	2014年	2015年	2016年
接待游客数量	1200	1500	1900	11000	150000	140000

资料来源：辽河口红海滩旅游区提供。

3. 旅游区现状综述

辽河口红海滩旅游区地域辽阔，景点分布稀疏，景点之间缺乏可达性。旅游区内旅游设施仅供游客进行湿地观光游，旅游产品单一，缺乏体验性。旅游区内部滨水岸线只能保证旅游区不受海洋作用的侵袭，缺乏多样性利用，不能满足游客的亲水需求。辽河口红海滩旅游区属于原生湿地，生态环境脆弱，随着旅游区的发展，游客数量也在逐年增长，景区目前仅有的旅游设施无法满足游客的旅游需求，并且没有统一指导策略的开发很容易破坏旅游区内原有的生态环境。总的来说，辽河口红海滩旅游区的发展还处于起步阶段，没有形成统一的规划系统，迫切需要一套切实可行的环境设计方案来指导旅游区日后的发展。2015年，辽河口红海滩旅游区与鲁迅美术学院（大连校区）合作，笔者有幸参与此项目，与鲁迅美术学院的师生团队共同探讨辽河口红海滩旅游区的保护与利用方法，目前旅游区正在进一步完善与修建中。

（二）典型问题

1. 空间体验不够丰富

辽河口红海滩旅游区属于退海冲积平原，地形平坦，无山少树，天际线平缓，视野开阔，地形竖向变化少，空间形态较为均质，空间缺乏层次（见图5-17）。旅游区除了少数高岗地以外，大部分面积被滩涂覆盖，植物主要有碱蓬草与芦苇，大片的碱蓬草和芦苇荡是旅游区的特色，景色壮观，但缺乏变化。景观的雷同使游客在初见红海滩时会感叹它的壮观与秀美，但长时间游览会因空间以及景观层次不足而感觉无聊与乏味。目前旅游区主要的旅游项目为观光旅游，缺乏体验性项目，无法使游客深度体验旅游区的特质。

红海滩天际线　　芦苇荡天际线　　建筑天际线

图5-17　旅游区天际线

旅游区内拥有大量的特色旅游资源，如有禾草森林之称的芦苇、被称为天下奇观的红海滩、有海上大熊猫之称的斑海豹、有天下第一河蟹、有辽宁人民的"母亲河"之称的辽河，还有中国纬度最高的渤海辽东湾，大量鸟类在此栖息繁衍，被称为鸟类天堂，这些特色自然旅游资源都具有很高的审美价值。除此之外，旅游区还有丰富的地域文化资源，如渔雁文化、渔猎文化、帆船文化、石油文化以及河蟹文化等，这些丰富的地域文化都代表着旅游区的历史以及特质，目前这些特色景观资源并没有很好地呈现出来，应该以合理的设计方式将这些特色旅游资源更好地呈现给游客，以提升旅游区内部的景观体验。

2. 各景点之间的可达性不足

旅游区面积较大，内部仅有一条长35千米的辽河口景观路贯穿其中，是旅游区的主干道。旅游区路线单一，景观资源多呈线性分布，而且旅游区内也没有观光小巴，因此各个景点之间的可达性不足，大多数游客长距离游览会感觉疲惫。目前游客大多为自驾游或者跟团游，游客乘坐大巴或私家车进入旅游区，沿旅游区主干道进行观光旅游（见图5-18）。大量的私家车和大巴驶入旅游区，必然会对旅游区脆弱的生态环境造成一定的影响，同时由于旅游区内道路以及距离的限制，游客不能深入旅游区与大自然进行自由的亲密接触，无法满足游客特色体验的需求。

3. 旅游区遗留废旧设备处理不当

辽河口红海滩旅游区拥有丰富的石油资源和浩荡的苇塘，石油虽然不像湿地那样有着明显的生态作用和景观效果，但它作为蕴藏在这片土地下的另外一种资源，为我国初期的工业发展做出了巨大的贡献。苇塘产业和石油开采业在20世纪末给了这片湿地新生，随着石油资源的逐渐减少，石油开采正在慢慢退出这片广袤的湿地，但旅游区内依然存在大量废弃的苇场旧建筑、旧设备和石油开采设备。除此之外，还有苇场工人临时搭建的窝棚、废旧的古渔船等，在旅游区的核心区域还有虾蟹养殖池和部分民用建筑。这些废弃的

图 5-18　游客沿旅游区景观路自驾观光游

石油开采设备、苇场设备、古渔船等都是这片土地原本的历史印记，代表着这片湿地特有的地域性。但是工业设备的存在似乎与原生湿地的自然环境格格不入，旅游区内现存的工业设备并未得到很好的处理，散落在旅游区内部，迫切需要利用巧妙的设计手法使这些遗留的工业设备能够很好地与环境相融合，并能向游客阐述这片土地的历史。

4. 季相的弹性设计不足

辽河口红海滩旅游区季相变化大，一年四季会呈现截然不同的景观，特别是植物景观会因为季节的不同而呈现不同的形态，相应地，游客所需的旅游设施也会不尽相同。旅游区春季的主要活动为观鸟，所以观鸟设施需求较大；夏季和秋季的主要活动为观赏及体验独具特色的红海滩、芦苇荡；冬季由于气候较冷，植物呈现枯黄状态，所以冬季的主要活动为观赏冰凌现象以及一些冰上活动。旅游区每年 9~10 月植物最为茂盛，呈现的状态也最好，气候宜人，为旅游高峰期，每天可接待 3000~4000 名游客。而春季和冬季因气候和旅游项目的制约，游客寥寥，大量旅游接待设施因无法满足不同旅游活动的需求而被闲置。旅游区内旅游设施的设计应尽量具备多种功能，以满足不同季节、不同游客的使用需求。

5. 科普教育性不足

湿地是全球三大生态系统之一，对全球气候的调节起着十分重要的作用，但是湿地本身的生态性十分脆弱，需要人类的共同保护。开展湿地旅游的一个重要目的就是使人们更加深入地认识湿地，认识湿地物种的多样性以及湿地生态环境的重要性，增强人们保护湿地和自然环境的意识，所以在对湿地旅游的开发设计中，一定不能忽视其科普教育性。辽河口红海滩旅游区得天独厚的自然条件可以使人们在欣赏湿地的同时进一步认识湿地，但是旅游区内部缺少科普教育的设施和相关活动，仅有的一条科普长廊也只是利用码头的栏杆以图片或文字的形式展示，形式比较单一，只有枯燥的文字，没有解说设备，而且图片高度远远低于人们的视平线，不符合人体工程学，空间设计不合理，容易被人们忽略，达不到良好的科普教育的效果（见图5-19）。

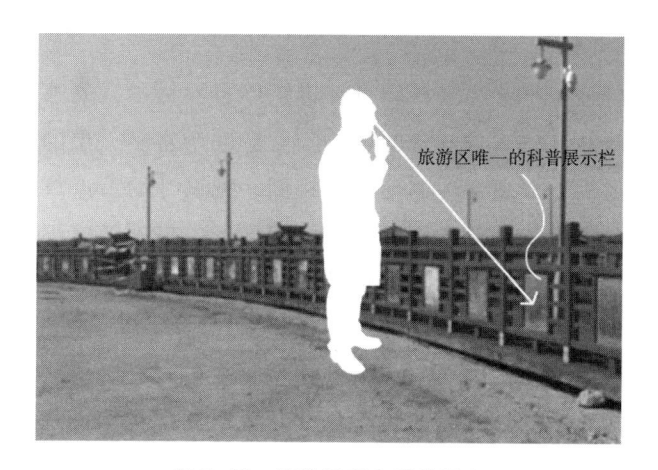

图 5-19　旅游区现有科普长廊

五　延续地域精神——让自然做工，营造空间

辽河口红海滩旅游区具有独特的地理位置和自然环境，其地域文化的本质特征，成就于平民求生存的努力之中。遍布的沼泽和苇

塘，不利于农耕生产和农业发展，人们利用海洋之利求生存，于是产生了专业渔民、渔村，而且孕育了渔雁文化；交错的河流与潮沟，使内陆地区鱼虾丰富，于是捕鱼摸虾成为人们补贴生活的传统途径，并由此衍生了渔猎文化。由此观之，无论是渔雁文化还是渔猎文化，抑或是帆船文化，都是本地居民长期生活于此的生活劳作产生的文化，是劳动人民智慧的结晶。这些生活文化不基于物质与符号，而是深深地烙在这些世代生活于此的普通居民的思想中，与自然和谐共生，规避环境风险，巧妙地利用自然资源。这种与生态环境良性发展的精神文化值得我们延续和发展。随着社会的不断发展，人们的物质需求得到了极大的满足，人们开始追求精神满足。湿地的生态价值和观赏价值慢慢地被人们所关注，而湿地的生态环境是比较脆弱的，所以辽河口红海滩旅游区的发展应该是保护和巧妙地利用自然资源，而不是开发自然资源，应延续与生态环境良性发展的精神文化。

　　辽河口红海滩旅游区环境设计应该以自然为本，追求与自然和谐共生，巧妙地利用自然资源优势，营造一个富于想象的、理想化的景观，提供一个观赏性的形式和构图，把设计的重点放在将人的注意力导向设计以外的自然万物。旅游区的发展不能仅仅局限于满足人们欣赏自然、亲近自然的需求，真正的目的应该是使人们认识湿地，认识湿地的生态价值并增强人们对环境保护的意识。在旅游区环境设计中，我们需要与大自然这位伟大的设计师合作，根据场地内独特的自然环境和特有的地域文化设计出好的空间形式，为游客提供一个舒适的平台去欣赏大自然并接受大自然的信息和教育。

　　在本质上，湿地旅游区设计和园林设计是相关的，虽然一般情况下湿地旅游区设计的规模要比园林设计大很多，但是二者在空间营造的设计手法上是一脉相承的，都希望营造出优美、有意境、能引发人思考的空间。二者不同的是，园林设计由设计师把控整个设计的进程，如增加空间层次、采用复制大自然的形式，从而设计出类似于自然的有趣的空间环境。但是湿地旅游区设计不是设计师在控制设计，而是自然在控制设计，设计师需要弄清的是如何把握自然的进程，在保护自然和追求其他价值之间寻求平衡，利用大自然的力量来营造环境，让自然做工。利用自然本身的力量，在视觉层面，营造一个能够和场地自然环境共生的空间形态；在体验层面，营造一个"可游"的体验性空间；在精神层面，依靠物象与观者沟通，引发观者的情感共鸣，从而获得"可居"的归属感。

六 可望——视觉体验，自然之象

作为人们在湿地环境中进行旅游拓展的载体，建筑以及公共设施的设计建造是不可或缺的，这类设施既与湿地自然环境紧密相连，又与人们的旅游活动密切相关。湿地自然环境是脆弱并且有限的，但人们的拓展需求又是无限的，这种有限和无限的矛盾是造成旅游区无法保持可持续发展这一问题的根源。

根据场地所具备的自然地势和条件，应因地制宜，面对脆弱的生态环境，湿地自然环境设计的核心应是保护优先、合理利用以及持续开发。为了让建筑设施不对原有的湿地环境造成视觉性的破坏，更好地保护湿地生境和生物栖息地，建筑设施的形象应融入场地自然环境，协调好旅游活动与生物栖息地的关系，在服务旅游者的同时兼顾旅游区内生物的生存需求。在进行湿地旅游区规划设计时，使建筑设施更好地与自然环境融为一体的设计方法主要有两种，分别是融入自然和模拟自然。

（一）与天地万物为一体

与天地万物为一体，就是协调好人造建筑设施和场地原生自然环境的关系，使人造建筑设施能够很好地融入自然，表现在视觉上，其重点在于消隐，即对建筑设施形态的消隐或者对建筑设施质感的消隐。

1. 建筑设施形态的消隐

湿地旅游区内建筑设施形态的消隐，要充分利用旅游区的地形和地貌，一般可以利用建筑部分下沉或者部分起坡的设计手法，削减建筑物的体量，使其更好地融入自然，这种做法在地景式建筑中常常用到，使建筑成为景观的一部分，从而使人工建筑设施对旅游区内生态环境和动物生境的影响降到最小。例如，香港湿地公园访客中心在选址布局上被刻意安排在靠近入口的位置。为了使建筑对鸟类的影响降到最小，访客中心的建筑结构隐藏在草坪屋顶下，从入口广场看，仿佛地面升起一座绿色的山丘。屋顶不仅为游客提供了一个舒适的登高观景的空间，而且大大削减了建筑体量，使1万平方米的建筑大部分隐藏于湿地公园内（见图5-20）。

图 5-20　建筑设施形态的消隐——香港湿地公园访客中心
资料来源：https://huaban.com/pins/439085050。

辽河口红海滩旅游区属于退海冲积平原，地形平坦，多水无山少树，空间竖向变化少，需要借助建筑设施的不同高度来丰富空间层次，同时也需要为游客提供登高观景的空间，这决定了部分建筑需要有一定的高度。辽河口红海滩旅游区沿海滩涂以每年10米的速度由内陆不断向海洋延伸，具有很强的流动性，因此旅游区内部建筑设施应易于建造，且成本低廉，可以更多地利用旅游区本地现有资源来满足旅游需求。

应延续与生态环境良性发展的精神文化，追求旅游与自然环境的和谐发展，坚持可持续旅游思想。为了不破坏旅游区内原有的地貌特征，应尽量减少建筑物的存在，同时降低旅游区开发成本，充分利用旅游区现有资源来满足旅游需求。游客服务中心选址位于旅游区中部，通过对旅游区遗留的苇场旧建筑进行环境改造和功能优化，使其满足一部分旅游需求。在改造过程中，在使原有建筑功能最大化的同时，把原有的两栋建筑连接起来，室内设计开敞通透，与自然遥相呼应。建筑顶面和地面湿地展示区巧妙连接，使建筑屋顶延伸到地面，模仿起坡的设计手法，消隐建筑形态，从入口处望去，像是缓缓升起的山丘（见图5-21）。

图 5-21 建筑设施形态的消隐——游客服务中心

2. 建筑设施质感的消隐

应尊重原生湿地生态环境，人造景观设施顺应自然之美，尽量就地取材，提取旅游区自然的材料和肌理作为建筑的外衣。同时，建筑的色彩也应源于自然，这样才能更好地融入自然。鸟类所能识别颜色的种类远远超过人类，因此湿地旅游区内建筑的色彩应从自然环境中提取，尽量不使用特别鲜艳的色彩，以免干扰鸟类的活动。另外，旅游区有大量废弃的石油开采器械、古旧渔船以及其他建筑拆下的废旧材料，应合理回收利用这些废弃资源，达到以最低的设计成本突出景观的生态性和原生性。

游客服务中心所使用的材料大多取自本地的自然材料，芦苇作为旅游区内的特色植物，具有可再生性，可在旅游区内多处建筑设施上使用。游客服务中心的屋顶用芦苇覆盖，使建筑和周围的大片芦苇荡融为一体，大量古旧渔船、水泥管和工业废弃物等当地材料的选用使建筑地域色彩强烈，更好地融入周围环境。建筑在色彩的选择上同样就地取色，取自红海滩的红、春夏季芦苇的绿、秋季芦苇的黄以及冬季芦花的白。在体量、色彩和材质的共同消隐下，旅游区内建筑设施才能更好地融入周边环境，与自然环境共生，尽可能地减少对湿地生物的干扰（见图5-22）。

图5-22 建筑设施质感的消隐——游客服务中心

（二）师法自然

大自然这位伟大的设计师在这片广阔的湿地上设计出了许多让人叹为观止的自然景观，湿地旅游区建筑设施的设计可以从大自然中吸取灵感，追求"虽由人作，宛若天开"的视觉效果，也可以使建筑很好地与自然融为一体。师法自然主要的表现方法是从大自然中提取元素，再把元素符号化，然后对符号进行变形。在视觉上可以使游客产生对自然的联想和思考。

辽河口红海滩旅游区是鱼类、鸟类的天堂，这些生物的存在也给旅游区增添了许多灵动的气息。从鸟类习性上总结鸟类的形态，或立于树枝，或卧于巢穴，或展翅飞翔，每一个形态都颇具美感，对鸟类的各种形态进行分析提取，尤其是对鸟类展翅飞翔的形态进行提取，并运用到游客服务中心屋顶的设计上，宛若一个展翅欲飞的鸟被定格在这片广阔的湿地上，让建筑充满了张力（见图 5-23）。

图 5-23　师法自然——游客服务中心

旅游区紧靠辽河以及渤海辽东湾，河海的作用使旅游区内部布满了形态各异的冲刷沟，这是大自然赋予这片湿地的独特肌理，因此旅游区内部温泉形态和木栈道的设计灵感均来自湿地内部的河流以及冲刷沟的形态，来自大自然的形态使得旅游区内部人工设施和自然环境融为一体（见图 5-24）。

图 5-24　师法自然——红海温泉区

树枝经常作为鸟类歇脚的最佳选择，因此观鸟屋的设计可从树枝中提取元素。为了兼顾旅游区内生物的生存需求，在观鸟屋的设计中，墙面为造型封闭的百叶窗，倾斜的木百叶既实现了对鸟类的最小干扰，也发挥了自然通风的功能，使游客在观鸟时感到凉爽舒适（见图5-25）。

图 5-25 师法自然——观鸟屋

（三）可游——空间的体验性

辽河口红海滩旅游区拥有丰富的生态资源，游客需要一个舒适的空间去观赏并体验自然。要创造空间的体验性，就意味着人是空间中必不可少的一部分，因为有人的存在，空间才充满生命的张力。同样，人在空间中属于流动的风景，在体验性空间中，人和空间密切相关。中国古典园林中所呈现的步移景异的体验感，是由于设计师对整个空间的完美把控，由此可以看出，不管是景观设计还是室内设计，最关键的是对空间的设计。在对旅游区进行生态设计的过程中，设计师不需要控制整体设计，只需让自然做工，利用自然资源优势创造一个可游的空间，使游客能够亲近大自然、欣赏大自然、认识大自然，并接受大自然所带来的信息和教育。只有使整个自然空间具备"曲折尽致"的空间层次，才能为游客提供丰富的空间体验。利用旅游区内的自然景观、民俗风情、人文景观等多种元素，创造一个"可游"的充满趣味的空间，使游客通过亲身参与获得身心放松和某种心理感受。

1. 空间的节奏变化

空间的节奏变化可以最大限度地调动游客的情绪，湿地旅游空间的设计应该十分注重空间的划分、景区的布置以及景点的设置。在旅游区内，不同高度以及不同大小的空间都使得游客的视线随之收放，直接影响游客的情绪。

（1）空间划分

每个旅游区都有有限的空间面积，要想在有限的面积里创造既各具特色又功能多样的空间，同时还想具有含蓄不尽的意境，首先就要在宏观上将旅游区划分为不同层次的景区，如大景区、中景区、小景区，并为每个景区赋予不同的主题，每个景区的重要性绝对不是等同的，主体景区设计会影响整体景区效果，因此主体景区是设计的重点。

辽河口红海滩旅游区地域辽阔，沿辽河口景观路对旅游区景观进行分区，分别为苇海湿地景区、红滩绿苇景区（含鸳鸯沟景区和三道沟景区）、万金滩景区。红滩绿苇景区位于旅游区核心位置，为旅游区最大的景区，影响着全局，是整个旅游的灵魂。三大景区内部又分为大小不同的景区或景点，景区形成"一线、三区、多点"的空间布局（见图5-26）。红滩绿苇景区作为旅游区的主体景区，分为6个小景区，分别为红海温泉区、苇海觅鹤区、红滩戏蟹区、苇海畅游区、海上观豹区、红海听潮区。景区之间陆路和水路以及木栈道交叉分布，同时设置观光小巴、自行车、游船等多种交通工具，并设计了合理的观景休息点，以实现各个小景区之间的可达性。

（2）疏密有致

在旅游区空间营造过程中，疏密有致是各个景区之间连接的重要设计方法。其中，"疏"是指视线宽敞、开阔的空间，而"密"是指环境局促、迂回的空间。游客既需要在疏空间欣赏"落霞与孤鹜齐飞，秋水共长天一色"的自然之美，也需要在密空间的摸鱼野浴等区体验大自然带来的乐趣，通过参加一些科普活动去深入认识并保护大自然。因此，在空间设计中既需要宽敞开阔的疏空间，也需要

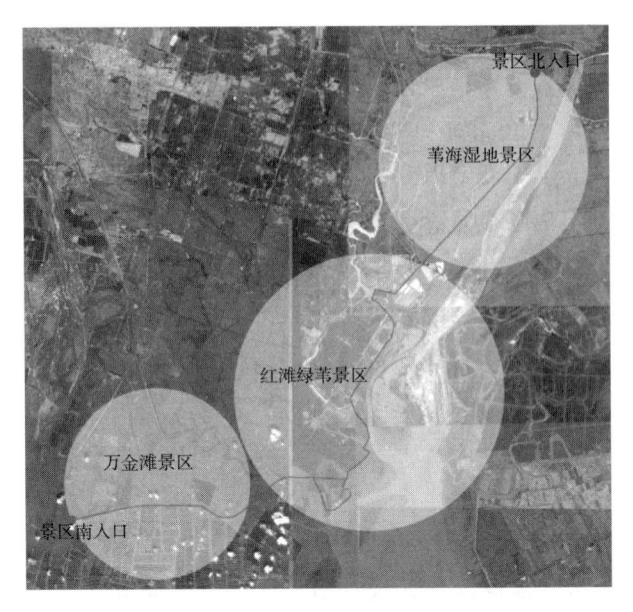

图 5-26　辽河口红海滩旅游区空间分区

深邃迂回的密空间，二者交替排列，才能使空间更加富有节奏感。

在红滩绿苇景区的设计中，红海漫游和苇海泛舟是典型的疏空间，视线开阔，满足了游客动态的亲水需求（见图 5-27）；摸鱼钓蟹和游客服务中心属于典型的密空间，满足了游客相对静态的活动需求，如观鸟、观鱼、钓鱼、交流等（见图 5-28）。旅游区空间设计巧妙地运用疏密交替的设计手法，两种空间交替排列，使空间更有节奏感，同时也提升了景观体验。

红海漫游　　苇海泛舟　　　　摸鱼钓蟹　　游客服务中心广场

图 5-27　疏空间　　　　　　图 5-28　密空间

2. 空间的渗透

旅游区内各个景区之间在空间上要保持相互渗透，隔而不绝，虽然被划分为不同景区，并被赋予了不同主题，但是每一个分区以及每一个元素之间都要相互渗透、延伸，形成你中有我、我中有你的效果，使游客在观赏体验过程中感受到整体环境浑然一体。通常可以利用植物、地势、屏障等对视线起到动态的遮挡作用，但又不至于导致绝对严密的隔绝，应形成空间之间的渗透，营造出空间的深远感。同时，可以通过空间中的导视系统，实现各个空间的渗透和延伸。除此之外，还可以在不同区域使用相同的材质、色彩以及肌理，使游客能够在不同的区域感受到环境的相同点，使整个景区浑然一体。

（1）掩隔景深

宋代著名画家郭熙曾说道："山欲高，尽出之则不高，烟霞锁其腰则高矣；水欲远，尽出之则不远，掩映断其脉则远矣。"这句话说明可以通过其他元素遮挡住山水的局部，对视觉造成一定的阻碍，从而使空间看起来更加深远，激发游客自由地去联想空间的远度。因此，要拓展空间的远度，"遮掩"很重要。除了"遮掩"以外，还有一种方式也可以适当拓展空间的远度，那就是"阻隔"。利用河流、地形等界限形成一定的阻隔，即增加了空间的层次又拓展了空间的深度。在空间营造中，"遮掩"和"阻隔"两种方式常常配合使用。由于湿地旅游区地貌平坦，空间竖向变化少，天际线比较平缓，空间形态较为均质，所以更需要使用掩隔的手法来增加空间的层次，拓展空间的远度。在旅游区空间营造中，有三种常用的掩隔手法，分别为全掩、半掩半隔、隔而不掩（见图5-29）。

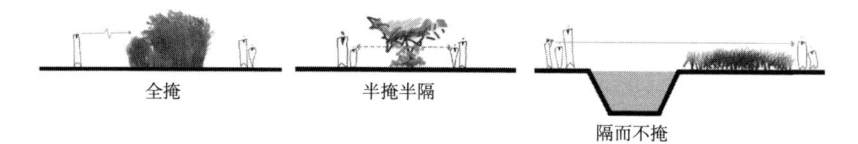

图5-29 掩隔手法

景区中多处用到掩隔手法来增加空间的层次，景区内设置的景观高台，一层为服务功能，二层为观景停留空间。一层空间利用芦苇营造全掩的效果，营造一个安静悠闲的服务空间，游客可以在此停留、歇脚、用餐等，顺着楼梯进入二层观景空间，视线豁然开朗，可以缓解游客长时间处于空旷空间的视觉疲劳。游客服务中心利用围墙结合植物营造一种半掩半隔的空间，介于透和不透之间，对游客视线起到动态的遮挡作用，使围墙内外的景观相互联系、相互遮掩、相互渗透，从而营造一个层次丰富、意趣无穷的空间。位于红海滩的景观高台，建于河流旁边，河流本身并不能阻挡视线，但是给人一种"隔离"感，平静的水面以及水中的天光云影，都给人一种若即若离的美感，对岸的景观仿佛隔着一层无形的幕布，使空间显得深邃而悠远（见图5-30）。

全掩　　　　半掩半隔　　　　隔而不掩

图 5-30　不同掩隔形式的空间

（2）景观设施的引导

在地域辽阔的湿地旅游区，各个景区之间距离较远，长距离以及长时间的游览会使游客产生疲惫感，甚至对接下来的游览失去信心，因此旅游区内部设置完善的导视系统是十分必要的，不仅能够使各个景区之间相互渗透，而且可以对游客进行视觉和心理上的引导，增加游客的游览信心和游览兴趣。

为了加强各个景区之间的渗透，辽河口红海滩旅游区设置了三类导视系统，分别为设施导引标识牌、景观解说标识牌、管理解说标识牌。

设施导引标识牌包括游客须知和综合导视牌，游客须知一般位于景区入口处，简要介绍景区的相关规定，进行服务、安全和文明等方面的提示，告知游人一些游园的注意事项，以便游人安全、愉快地游览。综合导视牌一般位于道路交叉口，指示通往景区内换乘站、主要景点、景观构筑物及公共服务设施的方位，以便游人能够迅速识别景区环境，快速、高效地到达目的地。设施导引标识牌以立于苇中的鹤为原型，以湿地主人的身份引导游客的游览（见图5-31）。

图 5-31　设施导引标识牌

景观解说标识牌一般包括景区介绍、景点介绍以及景观介绍，使游客对景区以及景点有更加深入的认识。辽河口红海滩旅游区的特殊性质决定了它具有一定的科普教育功能，景区内丰富的湿地动植物及海河资源等，不仅为游客营造了自然美景，而且是人们深入接触和学习大自然的一扇窗口，通过设置相关的说明性标识对旅游区内的自然景观元素进行详细的解说，能够让人们游于景区、学于自然中。景观解说标识牌的设计就地取材，以各种贝壳为填充物，对所选材料利用手法的可视化能够在一定程度上增强游客的环保意识（见图5-32）。

管理解说标识牌一般包括友情提示、安全警示类标识，对游人进行安全、管理、使用上的指导，提醒人们有序、文明地游览。管理解说标识牌同样以鹤的形态为设计原型，像一个行走的鹤在时刻提醒游客有序、文明、安全地游览（见图5-33）。

图 5-32　景观解说标识牌

图 5-33　管理解说标识牌

3. 多重路径

在旅游区环境营造中，应为游客提供流动的视觉观察角度，固定的景观会因不同路线的选择而出现不固定的景象，使游客产生"此地却是来时处"的体验。这种空间体验的前提是人在流动。因此，多重路径的设计能够为游客提供多样的角度去欣赏自然景观。

（1）水平多变路径

在旅游区设计复杂多变的行走路径，景与景之间设置多向性的交通联系，可设置水路或者陆路等不同种类的交通路线，游客选择的路径不同，观察同一景物时的角度也会不同，因此所呈现的景象自然也就不同。另外，在不同景观特质中设置路线，可以丰富整个空间的层次，使游客获得多重性的景观体验（见图 5-34）。

红滩绿苇景区设置了多种道路，形成复杂多变的行走路径，除了贯穿整个景区的辽河口景观路外，还设置了多种梗路、穿越不同

过水面　　　　　穿红滩　　　　　越芦苇

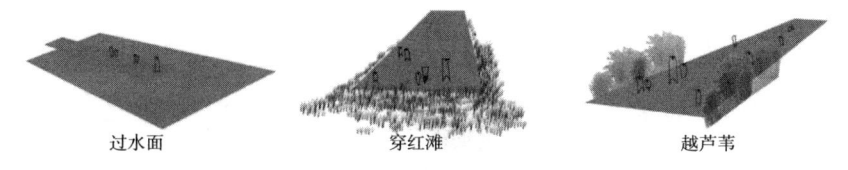

图 5-34　不同景观特质中的路线设置

景观特质的木栈道，以及游船路线，道路设置曲直结合，游客可以选择不同路径到达同一景点，从而给游客带来丰富的空间体验（见图 5-35）。

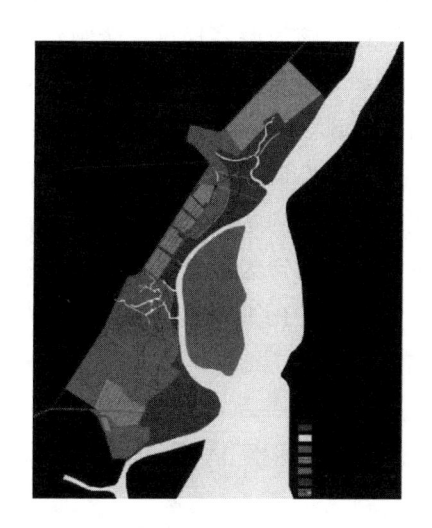

图 5-35　红滩绿苇景区多样路径分布

（2）垂直多重高差路径

在多水少树无山的湿地旅游区，天际线平缓，空间竖向变化少。利用木栈道、景观路、观鸟屋、观景台等必要的人工设施等营造丰富的高差，通过设置多重高差的空间来改变人的视角，从而使游客获得不同的空间体验，景区中的木栈道或高于地面或平于地面或低于地面，或高或低、或起或伏的视角设计，能够给游客带来不同的空间体验（见图 5-36）。

观鸟屋　　　　　　　景观高台　　　　　　复式景观高台

图 5-36　多重高差的空间设置

  旅游区内设置了不同高度的木栈道和观景平台，观鸟屋根据游客的观鸟需求设置为三层。利用对人们视角的控制增加景观层次、提升景观体验，如海上观豹区观景台不仅能够为游客提供最佳的观赏斑海豹的场地，而且能够为游客提供一个绝佳的视角，使游客视野开阔，既可以观赏水天一色、水天相接的壮观景象，也可以感受辽河奔流入海的河韵海风。景观高台的双层设计能够提供两种不同的空间形式，一层是服务空间，相对迂回、封闭，游客可以在这个空间内休息、交流，沿楼梯到达二层观景平台，视角慢慢提高，视野变得开阔。多重高差的设计为游客提供了多重视角和多种空间体验，这在地形平坦、竖向变化少的旅游区内是十分必要的，能够在一定程度上增加空间的变化（见图 5-37）。

图 5-37　多重高差空间

4. 可移动设施

辽河口红海滩旅游区本身具有鲜明的移动性，海岸线每年持续向海里延伸，在这样一个原生态的湿地环境中，"没有建筑才是最好的"，但是在旅游活动中，游客除了观赏、游览大自然外，还需要借助建筑空间组成的交通、住宿、餐饮和娱乐设施为其提供服务。

为了最大限度地保护旅游区内动植物生境以及生态环境，尽可能地减少旅游区内建筑的数量，针对旅游活动所必需的服务设施，可采用除建筑物以外的形式进行灵活添加，如在旅游区设置可移动房车以及可移动帐篷，这样既能减小对环境的影响，又可以使空间更加灵活，提升空间的趣味性和体验性，使游客深度体验自然环境（见图5-38）。

| 房车 | 帐篷 |

图 5-38　可移动设施

资料来源：https：//www.sohu.com/a/238308427_188910；https：//cn.coovee.com/gw/11367971.html。

（四）可居——空间的意境营造

古人追求"一峰则太华千寻，一勺则江湖万里"，以小石表现万壑，以池水代表沧溟。这种巧于因借的意向手法一直延续至今，古人通过这种景观意象营造表达了对山水的向往之情。通过物象与观者的沟通，能够引起观者的共鸣，正如"埋盆作小池，便有江湖适"。在旅游区空间设计中，应注重游客的审美感知与情感，利用景观引导游客加深理解，激发游客的联想与想象。游客通过对空间的亲身体验，从而触动某种情感，引发深度思考，促使游客与整个空间产生共鸣，而这种精神上的共鸣需要实体物象作为媒介。

1. 因借自然

湿地旅游区空间意境的营造，主要是通过对当地特殊景观资源等载体的艺术处理，再借助游客的审美想象、联想、回味得以体现的。游客对旅游区环境的感知很大一部分来源于自然因素，自然景观是空间意境营造的物质载体，在整个空间设计中处于基础的地位。大自然中的山水、日月、动植物以及气象变化都可以利用因借的手法作为"景"，从而引发游客的"情"，产生情景交融的空间感知。

（1）水的意象

在湿地旅游区，水是最有灵气的自然元素，蜿蜒的河流可以引导人们的视线，在空间营造中合理利用这一自然元素可以调动游客的思绪。水面如同镜子一般反射出天光云影，水天一色的壮阔之景体现出空间无穷无尽的"远"意，水在一定程度上扩大了空间的张力。在中国文人的心中，水作为一种意象是平静、安宁、平淡以及自然灵动的象征。另外，水体在流动的过程中产生水声，在风力的作用下产生波纹，在光的作用下产生倒影……水在不同条件下产生的不同魅力，都使得水体在空间意境营造中成为重要的载体。

游客服务中心的设计，沿建筑外墙周围蜿蜒的水系柔化了建筑的边界，水中围墙以及植物的倒影，仿佛形成一幅自然流淌的山水画（见图5-39）。围墙以内是人文，围墙以外是自然，围墙隔而不绝的空间形式，使得人文和自然相互渗透，呈现一幅自然与人文和谐共生的景象。

（2）动植物的意象

湿地生态环境中动植物是非常具有生命力的自然元素，同时还

图 5-39　游客服务中心设计中因借水的意象

具有生态意义和审美意义。植物属于静态景观自然要素中唯一具有生命力的元素，而动物则属于动态景观自然要素中具有生命力的元素，动植物的动静结合给人们带来的审美意义是不可替代的。辽河口红海滩旅游区中动植物资源相互依存，特色景观资源芦苇以及碱蓬草为动物的生存提供了很好的栖息地。在旅游区空间意境营造中，可以将动植物作为主要的审美主体营造空间，引导游客的想象与思考，从而对空间产生情感共鸣。

观鸟屋的设计就是充分利用旅游区内的动植物，以动静结合的动植物为物质载体，通过游客的审美想象，获得偶然的自然体验。正如"白鸟一双临水立，见人惊起入芦花"，使游客体验到这种由静到动的画面感，对空间产生某种精神感知，从而实现情与景的交融（见图 5-40）。

图 5-40　观鸟屋设计中因借动植物的意象

2. 因借情感

情感的意象是指对地域文化的把控，通过对地域文化的解读，用再现、象征、隐喻的设计手法来表现地域文化的意境，从而唤醒人们对空间的某种记忆，增强空间的张力，营造意境空间。湿地孕育了许多地域文化，这些地域文化起源于长期生活于此的本地居民的生产劳作。在湿地旅游区空间设计中，可以根据不同的地域文化表现不同的主题景观。

游客服务中心内部利用景区遗留的废弃石油冷却管营造的一组空间，通过废旧材料的重构，重温石油文化，触发游客的某种记忆，从而加强环境与人的关联性（见图5-41）。同样，不同色彩和材质的运用也可以引发游客不同的感受。以辽河口红海滩湿地景观为例，当地自然环境或者人文环境的颜色能够唤起游客的生活体验或者情感共鸣，触发记忆，而且使用当地色彩和材质进行空间营造，可以突出景观的地域性。材料和色彩同样具有意象性，设计中多使用天然的可再生材料，通过就地取材、就地取色、就地取法，为当地自然和人文架起一座桥梁，也为游客与空间架起一座桥梁（见图5-42）。

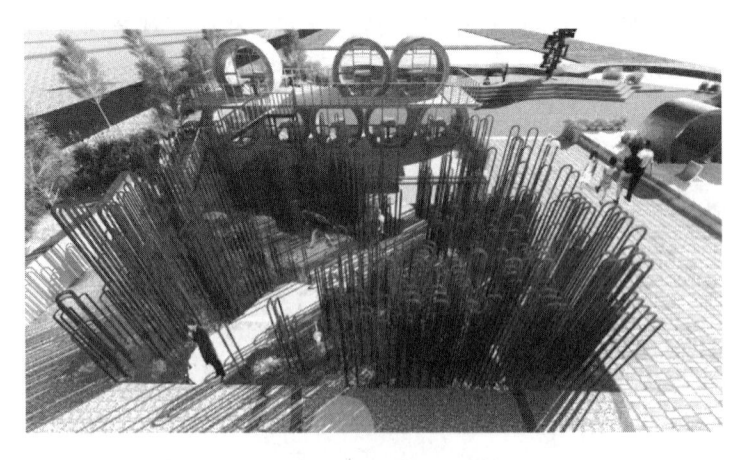

图5-41　石油精神的纪念

图 5-42　辽河口红海滩湿地景观

七　盘锦市公共艺术融入文化旅游项目效果评价

（一）城市旅游形象的提升

盘锦市独特的文化内容及其有效展示，吸引了大批海外游客的目光，新华社、央视等媒体也全程现场直播。稻草艺术节吸引了来自俄罗斯、印度等 13 个国家的游客，传统融合艺术的创意令他们印象深刻。稻艺文化成为盘锦市城市形象的一个独特名片。

（二）旅游收入的提高

从稻草艺术节到辽河口冰凌穿越赛，浓浓的辽河口气息和富有创造力的艺术作品吸引了 1.8 万人前来观光体验，综合收入达 60 余万元。盘锦市公共艺术融入文化旅游项目以其艺术的气质、趣味的设计、厚重的文化不断吸引着游客的目光。

（三）文化旅游项目开发模式的创新

将高校公共艺术教育实践与优秀传统文化传承相融合，既丰富了公共艺术教育的内容，也符合人才培养的多样性原则，还弘扬了地方传统文化，创新了文化旅游项目开发模式。

（四）艺术设计人才培养的推动

艺术类专业是实践性强、创造性高的专业，艺术院校可以在国家政策的指导下，根据专业特点吸引企业加大对专业建设的投入。盘锦市文化旅游项目的开发，为艺术院校学生提供了广阔的实践天地，是最优秀的社会实验室，推动了我国艺术设计人才培养的创新。

案例2 "稻梦空间"视觉形象系统的设计及推广[①]

"稻梦空间"自运营以来，在运作理念、运作模式和效益上都得到了市场的验证，逐渐发展成为一个较为成熟的农业区域品牌，也成为电影《我和我的家乡》的取景地。

一 "稻梦空间" 战略溯源

"稻梦空间"位于沈阳市沈北新区兴隆台锡伯族镇，占地3万亩，这里是纯粹的乡村，农民早期以农业生产自足。

"稻梦空间"以其独特的地理优势孕育了优质稻田，因兴隆台锡伯族镇浓厚的历史底蕴沉淀了锡伯文化，以稻田艺术为杠杆，以锡伯文化为动力，成为撬起魅力沈北的新支点。

[①] 本案例为笔者于2016年2月至2018年8月参与的沈阳"稻梦空间"景观设计和品牌创意营销项目，文中所用图片除注明资料来源外，均为笔者拍摄或项目团队成员设计并绘制。

（一）用艺术勾勒稻田，以文化凸显特色

特色艺术与文化是"稻梦空间"的财富和底蕴，也是产业园的竞争力与灵魂，独特的龙脉地理优势更是给产业园蒙上了神秘的面纱。"稻梦空间"将创意农业与包含稻米文化和锡伯族特色文化的休闲旅游有机融合，形成了集稻田画观光、水稻种植、农产品生产加工、休闲游玩体验、科普农耕文化于一体的"生产、生活、生态"稻米主题创意产业园。可以说，"稻梦空间"的出现，打破了西方麦田圈的奇迹，它将巨幅画作勾勒于稻田之上，让稻田以更加神奇的风韵展现在世人面前，形成"锡伯龙地"引以为骄傲和自豪的独特稻田艺术，再配以高空滑索、看台、稻田浮桥等辅助设施，让人们能够身临其境地观赏小镇赋予大自然的美丽景色。

"稻梦空间"在三次产业融合方面探索出了较为完善的发展模式，实现了产业链的延伸和价值链的增值。尤其是在稻田画种植、制作方面独具优势，拥有世界上最大的360°全景大型稻田画"盛世祥龙"，其画中巨龙的长度达上千米，在创新程度上属于世界首创，是独一无二的文化品牌（见图5-43）。

图5-43 稻田画"盛世祥龙"

（二）走都市农业之路，以创新包装小镇

都市农业的兴起是人类回归自然、返璞归真的真情流露，都市农业正在逐渐受到人们的关注。都市农业不仅能提供丰富多样的旅游产品，拓展传统旅游业单纯的观光功能，满足人们追求猎奇、丰富个性等日渐丰富的文化生活的需要，而且能通过旅游业和农业的融合，实现农业的高效益，增加农民收入，促进城乡统筹发展。"稻梦空间"始终坚持走都市农业之路，力图将旅游者的感官享受与农业生产、乡村特色、民俗文化有机结合，从而打造一条完善的农业产业化经营链条。

考虑到人们日益增长的物质文化需求，同时为了迎合自身发展的需要，"稻梦空间"在建设中不断完善功能分区，努力为游客提供周到细致的"一站式"服务。

1. 稻田画参观区

稻田画参观区作为"稻梦空间"的重要区域，以其独特而神秘的特点吸引着大量游客，"锡伯龙地"在建设中也将其作为重点区域，引进彩色水稻，重点结合锡伯文化特色，利用色彩及三维等方式打造更加神奇美丽的稻田画，让水稻以艺术的姿态呈现在大家面前（见图5-44、图5-45）。

图 5-44　夏季稻田画

图 5-45　秋季稻田画

2. 高空看台及滑索

配合稻田画观光，"锡伯龙地"设有高达 27 米的高空看台，从高处俯瞰稻田画，让游客能够更加真切地感受到稻田画的壮观及奇妙。从高空看台外延出百米长的高空滑索，可以让游客身临稻田画的海洋，体验探险的快乐。

3. 文化展示区

文化展厅内被划分成不同的文化展示区，包括稻米文化展示区、农耕文化展示区、锡伯族民族文化展示区等，让游客在游玩的同时感受文化的韵味。另外，文化展示区贯穿整个园区，除在区内道路设有锡伯族文化牌、水稻展示柜等设施宣扬锡伯族及水稻文化外，还设有农耕体验及农事拓展活动区。

4. 植物长廊区

园区内的植物长廊全部以原有道路为基础，架设可供植物攀爬的木制长廊，并预种植葫芦、丝瓜、葡萄等藤类植物，不仅起到了为游客遮阳的目的，而且展示了农业文化，给人以美的享受。

5. 企业标志观赏浮桥

整座观赏浮桥长 660 米，其形态为北源米业企业标志——飞鸽，全桥皆采用木制工艺，力求达到亲近自然、与自然景观浑然一体的效果。整座浮桥在建设中不占用任何公共区域，立于稻田之上，既不影响稻田生长，也不妨碍正常的农事活动，还为游客游览提供了方便。

6. 立体养殖区

立体养殖区占地约480亩，除了进行原始裘种植外，又分为四个专业的养殖区，分别为鸭田区、蟹田区、鱼田区和蛙田区。立体养殖区的设立充分利用水稻与鸭子、螃蟹、鱼、青蛙之间的生态关系，既避免了水稻农业喷洒，又减少了鸭子、螃蟹、鱼和青蛙等的饲料喂食，这样将培育出绿色无污染的有机水稻以及生态健康的鸭子、螃蟹、鱼、青蛙，实现经济收益与生态环境改善双丰收。

7. 水上餐厅区

水上餐厅设立在原有较宽的沟渠之上，且制订了一系列节能减排方案及污水处理办法，在为游客提供方便的同时，不忘保护环境。另外，餐厅内提供的食物均为园区所生产，游客可以自己到田间捡鸡蛋、鸭蛋，到菜地摘蔬菜，也可以到田里抓螃蟹、泥鳅、鱼等拿来烹调，还可以品尝锡伯族特色食物，不仅让游客品尝到乡村、民族美食，而且让他们体会到劳动的快乐。

8. 会员活动区

会员活动区由会员休息区、会员水稻认领区、会员旱田区及会员蔬菜区等多个区域组成，整个区域的设置以打造会员私密空间为出发点，为会员营造轻松愉快的氛围。会员活动区建筑以粮仓造型为主，新颖有趣。

9. 广场休息区

广场休息区不仅可以为游客提供休息间，而且能够为上百人的露营、聚餐等集体活动提供广阔空间。

10. 垂钓区

为了满足广大会员及游客的需求，利用园区内原有的水池，打造环境优美的垂钓园，供会员及游客休闲娱乐。

11. 植物迷宫娱乐区

植物迷宫娱乐区以植物迷宫为主要娱乐区域，除了让游客体验迷宫的乐趣外，还以"景观节点"的形式让游客领略爱情的纯洁。娱乐区更是为孩子们提供了可以嬉戏的水上乐园，让孩子们享受童年的快乐。

12. 透明蔬菜大棚区

透明蔬菜大棚区占地约125亩，全面采用温室大棚瓜果蔬菜综合栽培新技术，并全程使用农家肥和生物有机肥，使瓜果蔬菜均达到绿色有机食品生产标准，让会员及其他消费者放心食用。

13. 果园区

果园区占地面积约10亩，不占用原有稻田区域，全部利用园区周边的稻田埂进行种植，既美化了园区，又节省了空间。另外，园区内养殖的鸡、鸭等家禽也可以在果树间活动，在为会员及其他游客营造原生态氛围的同时，又可以食用无污染的水果，充分满足了会员及游客的需求。

14. 沟渠漂流区

利用园区内原有沟渠，为会员及游客提供船只，沿着水流方向进行漂流，让会员及游客不仅能体会到水的乐趣，而且能够摘取沿途的有机水果食用，使会员及游客真正乐在其中。

15. 其他区域

除了上述比较明显的功能区外，园区借助自身面积优势，利用原有部分道路作为射箭场地，且园区内提供专业的射箭设备并有专业人员进行指导，注重娱乐，宣扬锡伯族文化。

为了配合园区建设，园区内还将配备秋千、仿木坐凳、循环水喷泉、凉亭等设施。同时，为了满足部分游客过夜需求，园区准备了可移动木屋及帐篷等设施，使游客带着期望而来，载着满意而归。此外，园区还为游客提供遮阳竹伞，让游客在体验出游乐趣的同时，免受日晒之苦。

二 "稻梦空间"品牌视觉形象设计

(一)农产品(大米)的商标、吉祥物及品牌 Logo 设计

"稻梦空间""喜粒妈咪"既是园区的品牌形象,也是其主要农产品(大米)的商标,其吉祥物、品牌 Logo 的设计逐渐完善,并已延伸至广告、产品包装等领域(见图 5-46 至图 5-49)。

图 5-46 商标设计　　图 5-47 吉祥物设计　　图 5-48 品牌 Logo 设计

图 5-49 "喜粒妈咪"包装设计

品牌 Logo 的设计旨在传承以稻米为主的农耕文明,展现锡伯文化特色。品牌 Logo 与吉祥物的设计,要兼具独特性、文化性和统一

性。稻米是该地区的基础农产品，在品牌 Logo 与农产品商标、吉祥物设计中，稻米元素的运用使其形象统一，使"稻梦空间"的发展之源一目了然。同时，正负形设计手法的运用增强了设计的统一性。而锡伯文化下的女性形象被应用于品牌 Logo 与吉祥物设计上，则有效地阐明了园区文化的独特性，从而成就了独具特色的品牌视觉形象。

（二）企业视觉形象设计

"稻梦空间"稻米文化主题公园所在地农民原先从事大米种植和收购加工活动，后来将其开发成旅游项目，不仅增加了旅游收入，而且通过旅游对农产品宣传起到了重要作用，为后续的品牌设计和开发奠定了基础。为此，沈阳锡伯龙地创意农业产业有限公司专程请专家为其设计企业 Logo。因为项目发展缘起于锡伯族发源地，民族色彩浓厚，锡伯族原为游牧民族，以勇武骑射著称，享有"射箭民族"的美誉，16 世纪由游牧经济转变为农耕经济，所以在品牌设计中绘制传统锡伯族骑士骑马与麦穗剪影，形象生动，寓意深远，塑造了良好的企业形象，提高了农产品的内涵价值（见图 5-50）。

图 5-50　企业视觉形象设计

三 "稻梦空间" 农产品品牌创建基础

"稻梦空间"拥有以锡伯文化为主的民俗文化以及以稻米为主的农耕文化,规划中将文化韵味展示贯穿于整个园区,借助锡伯族文化元素符号、色彩等以三维的方式打造锡伯龙地,力求通过直观、体验式的模式让游客感受民族特色文化。

"稻梦空间"充分利用农业优势,将创意农业与旅游观光有机结合,打造稻田画观光、原始水稻种植、立体养殖、生产加工、休闲体验、会员加盟、科普教育"七位一体"的稻米主题创意农业产业园,形成以农带旅、以旅促农的发展模式,实现创意产业与沈阳及周边地区的互动,确保旅游市场和农产品销售市场双赢。

在具体运营过程中,"稻梦空间"采用"农业+旅游观光+民俗文化+互联网"的方式,通过搭建网络平台,塑造精品农业产品、休闲度假等品牌。

"稻梦空间"被评为国家AAA级景区,景区年收入超过1000万元,绿色大米每年销量涨幅在30%左右,实现了多个产业共赢。园区将稻米文化、锡伯文化与旅游服务相结合,建立"农业+"的现代农业产业体系,采用倒序的发展模式,通过景区影响带动企业稻米品牌提升,进而带动标准化水稻规模扩大,积极延伸上下游产业链,带动综合体整体提升。

(一) 农文旅融合方式

"稻梦空间"自运营以来,采取以农带旅、以旅促农的发展模式,不断开发旅游资源,为农民打开了一条新出路。

"稻梦空间"没有采用土地流转、支付农民"包地费"的经营模式,而是通过与农民合作,收取一定的费用,让农民有选择地实行统一购种、统一施肥、统一管理、统一收割等,利用自身规模优势,降低经营成本,实现互利共赢,推进三次产业融合发展,带动农民增收致富。

"稻梦空间"依托悠久的锡伯族历史，人文底蕴深厚，民情风俗源远流长，园区定期举行大型民族特色表演，进一步带动地区民俗文化发展。

"稻梦空间"在对外交通方面，考虑周边国道、省道以及与沈阳市内的连通性，形成贯通周边区域的自驾路线，并增设直达公交线路。在对内交通方面，结合现有道路，根据综合体内农业生产和休闲旅游功能需要，对区域内部道路网进行改造升级，增设游览步道，结合主要景点设立生态停车场，形成一个向外开放的经济空间，从基础设施和服务设施层面使其成为合格的旅游景区。

"稻梦空间"设有体验农耕、做豆腐、拉磨等项目，使休闲农业实现了多样化发展，提升了农业旅游景区的吸引力，为游客提供了多样化的体验。

（二）独特的经营销售模式

1. 工厂化经营

土地流转被称为一次新的土地革命，它不仅有益于"三农"，促进农业增效、农村发展、农民增收，而且有利于农业产业的现代化。"稻梦空间"积极探索土地流转新形式，并力图达到旅游与农业的有效结合，采用大面积培育、种植、管理的方式，在为会员提供方便的同时，实现多方共赢。

2. 招募会员

"稻梦空间"实行"公司+会员+农户"的经营模式，采用招募会员或由会员自愿申请加入的形式，会员可以在园区内认领一块土地，通过园区内摄像头随时察看作物长势，并到园区参加耕种，摘取自己的劳动果实，农作物成长期间由园区进行日常维护。为了保证有机农作物的质量，园区聘请沈阳农业大学教授为病虫害防疫技术员，对会员和农户进行全程技术指导。同时，园区雇用农业技术人员及专职农户采用传统种植方法进行有机农作物种植，再由"锡伯龙地"加工厂进行精深加工，生产的有机大米、蔬菜以及玉米、高粱等旱田作物全部提供给已经预付费的会员。会员除了享受以上服务外，如果想利用稻田画做宣传，也可享受一定折扣的优惠。

3. 宣传交换

"稻梦空间"除了采用传统的宣传方式外，还创新性地利用自身的优势，采用宣传交换的方式进行宣传。例如，"稻梦空间"与中国移动签订宣传合同，中国移动将以移动覆盖的形式为"稻梦空间"做宣传，而"稻梦空间"则以稻田画种植图案的形式为中国移动做宣传，从而实现互相宣传、互惠互利。

4. 田间预订销售

田间预订是"稻梦空间"推出的透明化销售方式之一，一改以往游客只能看到成品的销售模式，游客可以直接在田间预订地块，见证自己所购买大米的生长情况，这样的销售方式不仅能够吸引游客的眼球，为销售环节注入新鲜元素，而且可以大大提升小镇粮食的信任度，为游客及园区搭建起新的销售桥梁。

（三）层次定位，打造小镇个性化服务

在服务上，"稻梦空间"致力于让每一位游客都能得到符合自身需要的贴心服务。因此，"稻梦空间"根据自身功能性，将游客细分为观光型、体验型、探险型、少年科普型等，并根据不同类型游客的不同需求提供层次性服务。另外，针对会员，还进行了更进一步的分类，包括普通会员、白金会员、黄金会员、钻石会员，在让其享受 VIP 式服务的同时，提供不同层次的个性化服务。

（四）文化、旅游与农产品品牌相互促进

"稻梦空间"建设之前，当地农民只是从事大米种植和收购加工活动，旅游项目开发后，旅游收入也只是收入的一部分，并非主要盈利点。旅游对农产品宣传起到了重要作用，为后续的品牌设计和开发奠定了基础。

四 公共艺术融入文化旅游项目发展展望

（一）文化旅游发展模式和产品类型日趋多元化

随着文化旅游的不断发展，"稻梦空间"这种以传统文化习俗为基础、结合公共艺术的创新发展模式将越来越丰富，产品类型也日趋多元化。

（二）产品开发强调个性化和审美性，体现地方特色

随着文化旅游的不断发展，一些传统产品设计粗制滥造、千篇一律的状态将被打破。在激烈的市场竞争中，能够体现地方特色、审美个性的产品将更受消费者青睐。"稻梦空间"推出的稻草雕塑、原创节目等创意结合公共艺术的形式，既突出了农业传统，又提高了人们对艺术的认识，将成为文化旅游发展的一个方向。

（三）文化、艺术等各方面元素加强融合

在文化旅游项目的设计中，将自然、农业、历史、文化、艺术等各元素融合，是文化旅游实现特色发展的重要措施。

（四）新媒体技术应用日益广泛

在如今的信息化时代，各种新的信息传播方式不断涌现，文化旅游的特色发展离不开新技术的支持。利用好微信、微博、大数据等各种新的传播方式，将对文化旅游的宣传以及文化旅游融合公共艺术的普及起到很大的推动作用。

参考文献

白光、马国忠主编《中国要走农业品牌化之路》，中国经济出版社，2006。

卞星玮：《品牌形象塑造中的视觉识别设计体系研究》，江苏大学硕士学位论文，2016。

卞中阁：《品牌视觉形象提升品牌核心价值路径研究》，山东大学硕士学位论文，2010。

别金花、梁保尔：《中国非物质文化遗产保护利用研究综述》，《旅游论坛》2008年第3期。

常静静：《本土茶叶品牌视觉形象设计研究》，浙江理工大学硕士学位论文，2010。

陈玉保、刘宏、苗世敏、段红彬：《基于知识维度的核心竞争力评价指标体系研究》，《河北工业大学学报》2002年第3期。

〔美〕大卫·爱格：《品牌经营法则：如何创建强势品牌》，沈云骢、汤宗勋译，内蒙古人民出版社，1999。

〔美〕大卫·奥格威：《一个广告人的自白》，林桦译，中信出版社，2008。

戴程：《农产品品牌建设与营销》，厦门大学出版社，2019。

〔美〕戴维·阿克：《管理品牌资产》，奚卫华、董春海译，机械工业出版社，2006。

〔美〕戴维·阿克：《品牌组合战略》，雷丽华译，中国劳动社会保障出版社，2005。

冯靖晶：《平武白马藏寨乡村生态旅游规划与建筑景观设计——

以亚者造祖村为例》，绵阳师范学院硕士学位论文，2015。

郭焕成：《中国旅游发展笔谈——如何发展中国特色的乡村旅游（一）：发展乡村旅游业，支援新农村建设》，《旅游学刊》2006年第3期。

郭岚、张祥建：《基于BP神经网络的企业核心竞争力评价》，《科学学研究》2007年第1期。

郭兴武、王丽娜、荣怀章、杨显光、陈志贺：《盘锦稻米种植历史溯源》，《兰台世界》2008年第1期。

韩光军：《打造名牌：卓越品牌的培育与提升》，首都经济贸易大学出版社，2001。

何依然：《法国葡萄酒"拉菲"品牌营销策略分析及其对中国的启示》，《中外企业家》2017年第3期。

胡晓云等：《中国农产品的品牌化——中国体征与中国方略》，中国农业出版社，2007。

黄芳铭：《结构方程模式：理论与应用》，中国税务出版社，2005。

黄合水：《广告心理学》，东方出版中心，1998。

黄合水：《品牌建设精要》，厦门大学出版社，2004。

黄合水：《品牌学概论》，高等教育出版社，2009。

黄肖鹤：《品牌结构选择的关键因素方法及其应用研究》，上海交通大学硕士学位论文，2006。

姜林奎、付存军、曹玉昆：《基于BP方法的企业核心竞争力关键因素探析》，《哈尔滨工程大学学报》2009年第10期。

金立印：《虚拟品牌社群的价值维度对成员社群意识、忠诚度及行为倾向的影响》，《管理科学》2007年第2期。

瞿艳平、郑少锋、秦宏：《创建农产品强势品牌提高品牌竞争力》，《农业现代化研究》2005年第3期。

蓝燕玲、黄合水：《品牌个性的测量、塑造及作用》，《广告大观》（理论版）2012年第2期。

冷志明：《论品牌农业》，《生产力研究》2004年第10期。

李军波、郑昭：《浅析农产品品牌策略》，《经济纵横》2007年第9X期。

李敏：《我国农产品品牌价值及品牌战略管理研究》，华中农业大学博士学位论文，2008。

李洋洋：《地域文化在罗山县灵丰观光农业生态园规划设计中的应用研究》，河南农业大学硕士学位论文，2016。

李幼蒸：《理论符号学导论》，社会科学文献出版社，1999。

李源雨：《旅游景区品牌形象及商品开发设计的研究与应用——以鹰城尧山景区为例》，武汉理工大学硕士学位论文，2014。

李云海：《浅谈地区农业品牌开发的新思路》，《经济师》2005年第7期。

刘凯红：《基于地域特色的乡村景观规划研究——以河北北部山区为例》，河北农业大学硕士学位论文，2010。

刘升：《地域农产品包装设计研究》，浙江农林大学硕士学位论文，2014。

刘霞：《法国依云小镇对我国特色小镇发展的启示》，《当代旅游》2019年第7期。

娄向鹏：《农产品区域品牌创建之道》，中国发展出版社，2019。

卢泰宏、邝丹妮：《整体品牌设计》，广东人民出版社，1998。

卢泰宏、周志民：《基于品牌关系的品牌理论：研究模型及展望》，《商业经济与管理》2003年第2期。

〔美〕鲁道夫·阿恩海姆：《艺术与视知觉》，滕守尧、朱疆源译，四川人民出版社，1998。

吕洁华：《高新技术企业核心竞争力的识别方法体系》，《哈尔滨工业大学学报》2006年第12期。

吕荣胜、原伟、杨强：《"品牌社群"经营模式研究》，《西北工业大学学报》（社会科学版）2007年第2期。

〔法〕马克·第亚尼：《非物质社会——后工业世界的设计、文化与技术》，滕守尧译，四川人民出版社，1998。

彭兆荣：《城镇化与逆城镇化：一种新型的双向对流关系——以厦门城中村曾厝垵为例》，《中南民族大学学报》（人文社会科学版）2019年第3期。

〔英〕齐格蒙特·鲍曼：《流动的现代性》，欧阳景根译，上海三联书店，2002。

〔法〕让·波德里亚：《消费社会》，刘成富、全志钢译，南京大学出版社，2001。

任悦：《视觉传播概论》，中国人民大学出版社，2008。

沈辉、赵银德：《法国农产品地理标志管理体系及对中国的启示》，《世界农业》2014年第10期。

舒咏平：《为了中国名牌的辉煌——评余明阳、梁锦瑞主编的〈名牌丛书〉》，《公关世界》2000年第7期。

舒咏平、李竹子、李婧：《从一次问卷调查看我国农产品品牌意识及引导对策》，《现代商业》2007年第12期。

苏晓东、郭肖华、洪瑞异：《720°品牌管理：概念与应用》，中信出版社，2002。

苏勇、陈小平：《品牌通鉴》，上海人民出版社，2003。

孙莉娜：《农产品品牌建设问题研究》，《北方经济》2012年第14期。

孙绍君：《百年中国品牌视觉形象设计研究》，苏州大学博士学位论文，2013。

孙晓强：《品牌关系：一个整合概念模型》，《云南财经大学学报》2007年第3期。

〔美〕唐·舒尔次、〔美〕海蒂·舒尔茨：《整合营销传播：创造企业价值的五大关键步骤》，何西军等译，中国财政经济出版社，2005。

〔英〕唐·斯莱特：《消费文化与现代性》，林祐圣、叶欣怡译，台湾弘智文化事业有限公司，2003。

唐雪峰、赵海燕、莫雷：《归类及推理研究的几个数学理论模型》，《心理学动态》2000年第3期。

田园、苏霞：《我国农产品品牌建设中的风险防范》，《唐都文学》2012年第5期。

汪兴东、郭锦墉、陈胜东：《农产品区域品牌负面信息溢出效应研究》，《商业研究》2013年第7期。

王德刚：《乡村生态旅游开发与管理》，山东大学出版社，2010。

王栋：《品牌结构的原理与应用》，《商业现代化》2007年第10期。

王树婷、刘成武、张敏、陈志、孙志国：《黑龙江大米类国家地理标志产品保护的思考》，《农业系统科学与综合研究》2010年第2期。

王小平：《第二次宣言》，中国经济出版社，2003。

王晓辉：《基于消费者认知视角的品牌选择行为研究》，山东大学博士学位论文，2009。

王玉莲：《中国农产品品牌发展研究》，黑龙江大学出版社，2010。

〔美〕温克勒：《快速建立品牌：新经济时代的品牌策略》，赵怡译，机械工业出版社，2000。

夏立娅、李小亭、胡晓玲、王岩峰：《盘锦大米品质与产地环境关系探析》，《安徽农业科学》2009年第31期。

谢敬颖：《地域性文化在景观设计中传承与发展研究——以济南市为例》，西安建筑科技大学硕士学位论文，2010。

许霏：《非物质文化遗产传播与马嵬驿民俗文化村空间环境设计研究》，西安建筑科技大学硕士学位论文，2016。

薛新波、王新新：《创建品牌社群的四要素——以哈雷车主俱乐部为例》，《经济管理》2008年第3期。

闫珂：《平面广告设计中的视觉张力研究》，苏州大学硕士学位论文，2016。

叶萍、刘晓农：《日本温泉旅游产业发展及对我国的启示》，《老区建设》2019年第18期。

尹定邦：《设计学概论》，湖南科学技术出版社，1999。

余江：《品牌建设中视觉传达设计的功能与应用研究》，《艺术教育》2019年第10期。

余明阳主编《世界顶级品牌》，安徽人民出版社，2004。

余秀娟：《旅游开发对民俗文化的影响研究——以丽江黎明傈僳族民俗文化旅游村为例》，中央民族大学硕士学位论文，2013。

袁浩翔：《基于BP神经网络的品牌结构评价研究》，上海交通大学硕士学位论文，2008。

岳思娟：《视觉传达设计在企业品牌建设中的功能与应用》，《企业科技与发展》2020年第3期。

曾朝晖：《品牌制胜》，重庆出版社，2002。

张道一：《包装装潢形式的民族特点》，《中国包装》1981年第1期。

张姮：《日本"品牌农业"的农产品品牌建设研究》，《现代商业》2012年第7期。

张建春：《生态环境保护与旅游资源开发》，浙江大学出版社，2010。

张可成：《我国农产品品牌建设：理论与实践》，山东农业大学博士学位论文，2009。

张强、霍露萍、祝炜：《城乡融合发展、逆城镇化趋势与乡村功能演变——来自大城市郊区城乡关系变化的观察》，《经济纵横》2020年第9期。

张炜：《依云矿泉水的贵族品牌之路》，《管理与财富》2006年第8期。

张晓东：《中国传统图形与品牌视觉形象设计研究》，中央民族大学博士学位论文，2010。

张艳：《谈品牌组合管理及其在企业营销中的应用》，《商业时代》2009 年第 11 期。

赵爱民、陈晨、黄倩倩、陆恒芹:《日本乡村旅游品牌发展路径及启示》,《世界农业》2016 年第 5 期。

浙江大学 CARD 中国农业品牌研究中心:《爱达荷土豆:管控品牌营销各个环节》,《农民日报》2013 年 7 月 15 日,第 8 版。

郑德祥、龙升芳:《绍兴市农业名牌战略分析》,《绍兴文理学院学报》(哲学社会科学版)2007 年第 3 期。

支怡恬:《基于地域文化保护与传承的乡村景观规划设计研究——以兴平市马嵬镇景观规划设计为例》,西安建筑科技大学硕士学位论文,2016。

钟敬文:《民俗学概论》,上海文艺出版社,2009。

朱永贵、张燚:《五粮液集团品牌组合分子模型分析》,《集团经济研究》2006 年第 11 期。

卓勇良:《日本特色小镇的借鉴和超越》,《浙江日报》2015 年 7 月 3 日,第 9 版。

〔日〕佐藤诚:《魅力农村景观:农村景观设计以及活用》,日本交通公社出版社,2004。

Aaker, D., A., Joachimsthaler, E., "The Brand Relationship Spectrum: The Key to the Brand Architecture Challenge", *California Management Review*, 2000, 42 (4).

Aaker, D., "Managing Assets and Skills: The Key to a Sustainable Competitive Advantage", *California Management Review*, 1989, 31 (2).

Aaker, J. L., "Dimensions of Brand Personality", *Journal of Marketing Research*, 1997, 34 (3).

Bourdieu, P., *Distinction: A Social Critique of the Judgement of Taste*, Cambridge: Harvard University Press, 1984.

Claude, B. J., "Brand Management", *Journal of Marketing Management*, 2009, 10 (6).

Dacin, P. A., Smith, D. C., "The Effect of Brand Portfolio Characteristics on Consumer Evaluations of Brand Extensions", *Journal of Marketing Research*, 1994, 31 (2).

DelVecchio, D., "Moving Beyond Fit: The Role of Brand Portfolio Characteristics in Consumer Evaluations of Brand Reliability", *Journal of Product & Brand Management*, 2000, 9 (7).

Devlin, J., "Brand Architecture in Services: The Example of Retail Financial Services", *Journal of Marketing Management*, 2003, 19.

Dooley, G., Bowie, D., "Place Brand Architecture: Strategic Management of the Brand Portfolio", *Place Branding and Public Diplomacy*, 2005, 1 (4).

Douglas, S. P., Craig, S. C., "Executive Insights: Global Portfolio Planning and Market Interconnectedness", *Journal of International Marketing*, 2001, 4 (1).

Gardner, B. B., Levy, S. J., "The Product and the Brand", *Harvard Business Review*, 1955, March-April.

Goldhaber, M. H., "Attention Shoppers", *Journal of Advertising Research*, 1997, 6 (12).

Harish, E. J., "Integrated Development of Agriculture, Tourism and Culture", *Indian Journal of Surgery*, 2006, 22 (8).

Keller, K. L., "Strategic Brand Management: Building, Measuring, and Managing Brand Equity", *Journal of Consumer Marketing*, 2008, 17 (3).

Leek, S., Christodoulides, G., "A Framework of Brand Value in B2B Markets: The Contributing Role of Functional and Emotional Components", *Industrial Marketing Management*, 2012, 41 (1).

Lehu, J., "Back to Life! Why Brands Grow Old and Sometimes Die and What Managers Then Do: An Exploratory Qualitative Research Put into the French Context", *Journal of Marketing Communications*, 2004, 10 (6).

Leonard-Barton, D., "Core Capability and Core Rigidities: A Paradox in Managing New Product Development", *Strategic Management Journal*, 1992, 11 (13).

Petromilli, M., Morrison, D., Million, M., "Brand Architecture: Building Brand Portfolio Value", *Strategy & Leadership*, 2008, 30 (5).

Rao, V. R., Agarwal, M. K., Dahlhoff, D., "How is Manifest Branding Strategy Related to the Intangible Value of a Corporation?", *Journal of Marketing*, 2004, 68 (4).

Riezebos, R., *Brand Management: A Theoretical and Practical Approach*, Prentice Hall, Harlow, 2003.

Schmitt, B., Simonson, A., *Marketing Aesthetics: The Strategic Management of Brands, Identity, and Image*, Free Press, 1997.

Schroeder, J. E., *Visual Consumption*, London: Routledge, 2002.

Stiny, G., *Shape: Talking about Seeing and Doing*, Chicago: The MIT Press, 2008.

图书在版编目(CIP)数据

农文旅品牌创建：基于视觉形象视角 / 陈艳著.--北京：社会科学文献出版社，2022.3（2023.8 重印）
ISBN 978-7-5201-9910-0

Ⅰ.①农… Ⅱ.①陈… Ⅲ.①乡村旅游-品牌战略-研究-中国 Ⅳ.①F592.3

中国版本图书馆 CIP 数据核字（2022）第 047151 号

农文旅品牌创建：基于视觉形象视角

著　　者 / 陈　艳

出 版 人 / 冀祥德
责任编辑 / 冯咏梅
责任印制 / 王京美

出　　版 / 社会科学文献出版社·经济与管理分社（010）59367226
　　　　　 地址：北京市北三环中路甲 29 号院华龙大厦　邮编：100029
　　　　　 网址：www.ssap.com.cn

发　　行 / 社会科学文献出版社（010）59367028
印　　装 / 唐山玺诚印务有限公司

规　　格 / 开　本：787mm×1092mm　1/16
　　　　　 印　张：13.75　字　数：192 千字
版　　次 / 2022 年 3 月第 1 版　2023 年 8 月第 2 次印刷
书　　号 / ISBN 978-7-5201-9910-0
定　　价 / 128.00 元

读者服务电话：4008918866

版权所有 翻印必究